MW00772176

PARA:

Auxorita

❖❖❖❖❖

DE:

Leyda

Con todo cariño.

Jesús dijo: «Yo soy el buen pastor; conozco a
mis ovejas, y ellas me conocen a mí, así como
el Padre me conoce a mí y yo lo conozco a él,
y doy mi vida por las ovejas».

– JUAN 10:14-15 –

© 2005 Editorial Vida
Miami, Florida

Publicado en inglés bajo el título:
*The LORD Is My Shepherd:
Reflections from A Shepherd Looks at Psalm 23*
© 2003 por The Zondervan Corporation

Traducción, edición y adaptación de diseño interior:
Words for the World, Inc.

ISBN 0-8297-4308-1
Reservados todos los derechos

Impreso en China
Printed in China
06 07 08 /HK/ 4 3 2

EL SEÑOR ES
MI PASTOR

Reflexiones de Un pastor mira el Salmo 23

Con W. Phillip Keller

E l Señor es mi pastor, nada me falta;
   en verdes pastos me hace descansar.
Junto a tranquilas aguas me conduce;
   me infunde nuevas fuerzas.
Me guía por sendas de justicia
   por amor a su nombre.

Aun si voy por valles tenebrosos,
   no temo peligro alguno
porque tú estás a mi lado;
   tu vara de pastor me reconforta.

Dispones ante mí un banquete
   en presencia de mis enemigos.
Has ungido con perfume mi cabeza;
   has llenado mi copa a rebosar.

La bondad y el amor me seguirán
   todos los días de mi vida;
y en la casa del Señor
   habitaré para siempre.

– SALMO 23 –

UNA PALABRA DE LOS EDITORES

C uando el libro, *Un pastor mira el Salmo 23* se publicó por primera vez hace más de treinta años, cautivó la atención del público lector. Phillip Keller entendió verdaderamente el significado del salmo. Keller, igual que el salmista David, fue pastor. Había vivido entre sus ovejas, las protegió del mal, lavó sus heridas, cargó las pequeñas en sus brazos, y literalmente dio su vida por ellas.

Cuando Keller habla de ovejas perdidas, vemos al pobre y desvalido animal con su espalda contra una zanja, esperando que alguien lo rescate para caminar otra vez. Cuando Keller habla del pastor que hace descansar a las ovejas en verdes pastos, llegamos a entender que las ovejas solo pueden descansar cuando están libres del temor, libres del tormento de los mosquitos u otras pestes, y libres del hambre. Cuando las ovejas están bien alimentadas pueden descansar más rápidamente, y la tarea del pastor es ver que estén bien alimentadas.

Cuando entendemos plenamente la relación de un pastor del Medio Oriente con sus ovejas, nos da una mejor apreciación por la relación del Buen Pastor con nosotros, las ovejas de su rebaño. Así podemos encontrar el valor para confiar en nuestro Pastor, sabiendo que él tiene su mejor interés en su corazón; entendiendo que nunca nos dejará ni nos desamparará, aun cuando pasemos por los valles tenebrosos de la vida.

Le invitamos a detenerse por un rato, para descansar y leer, para sentir la mano tierna del Buen Pastor acariciando su cabeza pues se interesa por usted.

LOS EDITORES

EL SEÑOR ES
MI PASTOR

EL SEÑOR ES
MI PASTOR

David, el autor del Salmo 23, siendo él mismo un pastor, e hijo de pastor, que llegaría a ser llamado «Pastor Rey» de Israel, dijo explícitamente: «El Señor es mi pastor». ¿A quién se refería?

Miren, el Señor omnipotente llega con poder,
* y con su brazo gobierna.*
Su galardón lo acompaña;
* su recompensa lo precede.*
Como un pastor que cuida su rebaño,
* recoge los corderos en sus brazos;*
los lleva junto a su pecho,
* y guía con cuidado a las recién paridas.*

Isaías 40:10-11

Él mismo, en su cuerpo, llevó al madero nuestros pecados, para que muramos al pecado y vivamos para la justicia. Por sus heridas ustedes han sido sanados.

1 Pedro 2:24-25

Cristo el creador de tan enorme universo de magnitud impresionante, opta por llamarse Pastor y me invita a considerarme su oveja: su objeto especial de afecto y atención.

Por medio de él todas las cosas fueron creadas;
sin él, nada de lo creado llegó a existir.

JUAN 1:3

Él es la imagen del Dios invisible,
el primogénito de toda creación,
porque por medio de él fueron creadas todas las cosas
en el cielo y en la tierra, visibles e invisibles,
sean tronos, poderes, principados o autoridades:
todo ha sido creado
por medio de él y para él.

COLOSENSES 1:15-16

Cuídame como a la niña de tus ojos;
escóndeme, bajo la sombra de tus alas.

SALMO 17:8

El Señor dice,
«Grabada te llevo en las palmas de mis manos;
tus muros siempre los tengo presentes».

ISAÍAS 49:16

El Señor dijo:
«Con amor eterno te he amado;
por eso te sigo con fidelidad».

JEREMÍAS 31:3

¿Tiene Jesús las credenciales necesarias para ser mi pastor —mi jefe— mi dueño? La titularidad de Jesús sobre mí como un ser humano es legítima simplemente porque él es mi creador, y no hay nadie que me pueda entender o cuidar mejor. Le pertenezco simplemente porque él eligió deliberadamente crearme como objeto de su afecto. Y luego, nuevamente en el Calvario, Jesús demostró su deseo profundo de cubrirme bajo su cuidado benévolo.

Ustedes fueron comprados por un precio; no se vuelvan esclavos de nadie.

1 CORINTIOS 7:23

El Señor dijo:
«Antes de formarte en el vientre,
ya te había elegido;
antes de que nacerás,
ya te había apartado».

JEREMÍAS 1:5

Dios nos escogió en él antes de la creación del mundo, para que seamos santos y sin mancha delante de él.

EFESIOS 1:4

¿Tiene Jesús el carácter para ser mi pastor —mi jefe— mi dueño? Jesús, el Señor, era apacible, tierno y auténtico pero también justo, rígido como el acero, y terriblemente duro con las personas engañosas. Era magnífico en su espíritu magnánimo de perdón. Él es quien insistía que él era el Buen Pastor, el Pastor comprensivo, el Pastor interesado en buscar, salvar y restaurar hombres y mujeres perdidos.

En los días de su vida mortal, Jesús ofreció oraciones y súplicas con fuerte clamor y lágrimas al que podía salvarlo de la muerte, y fue escuchado por su reverente sumisión. Aunque era Hijo, mediante el sufrimiento aprendió a obedecer; y consumada su perfección, llegó a ser autor de salvación eterna para todos los que le obedecen, y Dios lo nombró sumo sacerdote según el orden de Melquisedec.

HEBREOS 5:7-10

¿Cómo me someto a su control? Esta es una pregunta sumamente seria y solemne que debiera provocarme a revisar mi propio corazón y motivaciones así como mi relación personal con Cristo, el Buen Pastor.

¿En verdad le pertenezco? ¿Realmente reconozco su derecho sobre mí? ¿Respondo a su autoridad y reconozco que soy su posesión? ¿Encuentro libertad y plenitud total en esta situación? ¿Tengo un sentido de propósito y compromiso profundo por estar bajo su dirección? ¿Conozco el descanso y reposo, además de una sensación definida de aventura emocionante al pertenecerle?

Si esto es así, entonces puedo proclamar orgullosamente con gratitud y exaltación genuina, tal como lo hizo David: «¡El Señor es mi pastor»! Puedo gozarme en pertenecerle, porque así floreceré y creceré sin importar lo que la vida me proponga.

NADA
ME FALTA

Como el Señor es mi pastor, «nada me falta». Esta expresión indica contentamiento pleno bajo el cuidado de mi Buen Pastor y cómo consecuencia no anhelo ni deseo nada más. El contentamiento debiera ser la marca distintiva de mi vida cuando pongo todos mis asuntos en las manos de Dios.

El temor del Señor conduce a la vida;
da un sueño tranquilo y evita los problemas.

PROVERBIOS 19:23

Sé lo que es vivir en la pobreza, y lo que es vivir en la abundancia. He aprendido a vivir en todas y cada una de las circunstancias, tanto a quedar saciado como a pasar hambre, a tener de sobra como a sufrir escasez. Todo lo puedo en Cristo que me fortalece.

FILIPENSES 4:12-13

Comerán los pobres y se saciarán;
alabarán al Señor quienes lo buscan;
¡que su corazón viva para siempre!

SALMO 22:26

Este Buen Pastor a quien estoy consagrado es el dueño quien se deleita en su rebaño. Para él no hay mayor recompensa, no hay mayor satisfacción, que ver a sus ovejas contentas, bien alimentadas, seguras y prosperando bajo su cuidado. Esta en verdad es su misma vida. Su entrega es total. Literalmente da su vida por aquellos que son suyos.

Yo soy el pan de vida —declaró Jesús—. El que a mí viene nunca pasará hambre, y el que en mí cree nunca más volverá a tener sed.

JUAN 6:35

Porque el SEÑOR tu Dios está en medio de ti
    como guerrero victorioso.
Se deleitará en ti con gozo,
    te renovará con su amor,
    se alegrará por ti con cantos.

SOFONÍAS 3:17

Jesús dijo: «Nadie tiene amor más grande que el dar la vida por sus amigos. Ustedes son mis amigos si hacen lo que yo les mando».

JUAN 15:13-14

Este Buen Pastor ama las ovejas por el bien de ellas así como por satisfacción propia. Para él, no hay dificultad demasiado grande ya que cuida de sus ovejas. Él se ocupa de su trabajo veinticuatro horas por día y se fija que sus ovejas estén atendidas hasta el último detalle.

[El Señor] se complace en los que le temen,
en los que confían en su gran amor.

SALMO 147:11

En el día de mi desgracia me salieron al encuentro,
pero mi apoyo fue el SEÑOR.
Me sacó a un amplio espacio;
me libró porque se agradó de mí.

SALMO 18:18-19

No permitirá que tu pie resbale;
jamás duerme el que te cuida.
Jamás duerme ni se adormece
el que cuida de Israel.

SALMO 121:3-4

Este Buen Pastor no lo detiene ninguna dificultad en su esfuerzo por suplir a sus ovejas con la mejor grama, la pastura más rica, abundante alimento para el invierno, y agua limpia. No ahorrará dolor en la labor de proveer cobija de las tormentas y protección contra los enemigos despiadados y enfermedades y parásitos a los cuales las ovejas son tan susceptibles.

¡Que den gracias al Señor por su gran amor,
*   por sus maravillas en favor de los hombres!*
¡Él apaga la sed del sediento,
*   y sacia con lo mejor al hambriento!*

Salmo 107:8-9

El que habita al abrigo del Altísimo
*   se acoge a la sombra del Todopoderoso.*
Yo le digo al Señor: «Tú eres mi refugio,
*   mi fortaleza, el Dios en quien confío».*

Salmo 91:1-2

Jesús dijo: «Pero el que beba del agua que yo le daré, no volverá a tener sed jamás, sino que dentro de él esa agua se convertirá en un manantial del que brotará vida eterna».

Juan 4:14

Este Buen Pastor se levanta temprano y lo primero que hace cada mañana sin falta es salir a cuidar su rebaño. Es el contacto íntimo inicial del día. Con un ojo práctico, agudo y compasivo examina las ovejas para asegurarse que estén atendidas, contentas y saludables. En un instante, puede darse cuenta si alguien las molestó durante la noche; sea que estén enfermas o requieran atención especial.

Por la mañana, SEÑOR, escuchas mi clamor;
por la mañana te presento mis ruegos,
y quedo a la espera de tu respuesta.
SALMO 5:3

Oh Dios, tú eres mi Dios;
yo te busco intensamente.
SALMO 63:1

El SEÑOR está en su santo templo,
en los cielos tiene el SEÑOR su trono,
y atentamente observa al ser humano;
con sus propios ojos lo examina.
SALMO 11:4

Repetidamente durante el día, los ojos de este Buen Pastor observan el rebaño para asegurarse que todo esté bien. Ni en la noche está desatento a sus necesidades. Duerme, prácticamente con «un ojo y los dos oídos abiertos», listo ante la más mínima señal de peligro para levantarse y proteger a los suyos. Este es el cuadro sublime del cuidado que reciben aquellas vidas que están bajo el gobierno de Cristo. Él sabe todo lo que les pasa desde la mañana a la noche.

El Señor recorre con su mirada toda la tierra, y está listo para ayudar a quienes le son fieles.

2 Crónicas 16:9

Pero el Señor cuida de los que le temen, de los que esperan en su gran amor.

Salmo 33:18

Jesús dijo: «Yo soy el buen pastor. El buen pastor da su vida por las ovejas».

Juan 10:11

Como una de las ovejas del Buen Pastor, puedo ponerme de pie y proclamar con orgullo: «El Señor es mi pastor, nada me falta, estoy completamente satisfecho con su manejo de mi vida».

Dios es nuestro amparo y nuestra fortaleza,
nuestra ayuda segura en momentos de angustia.
Por eso, no temeremos
aunque se desmorone la tierra
y las montañas se hundan en el fondo del mar;
aunque rujan y se encrespen sus aguas,
y ante su furia retiemblen los montes.

SALMO 46:1-3

Pero yo en justicia contemplaré tu rostro;
me bastará con verte cuando despierte.

SALMO 17:15

Mi alma quedará satisfecha
como de un suculento banquete,
y con labios jubilosos
te alabará mi boca.

SALMO 63:5

EN VERDES
PASTOS
ME HACE DESCANSAR

Para poder acostarse y descansar, las ovejas deben sentirse libres de temor, tensión, molestias, y hambre. La singularidad de este cuadro es que solo el pastor puede asegurar libertad de esas ansiedades. Todo depende de la diligencia del dueño para hacer que su rebaño sea libre de influencias perturbadoras. Él permite que ellas se acuesten, para descansar, relajarse, y estar contentas, tranquilas, y prósperas.

Y nosotros hemos llegado a saber y creer que Dios nos ama. Dios es amor ... En el amor no hay temor, sino que el amor perfecto echa fuera el temor.

1 JUAN 4:16, 18

«Pondré sobre ellas pastores que las pastorearán, y ya no temerán ni se espantarán, ni faltará ninguna de ellas —afirma el SEÑOR—».

JEREMÍAS 23:4

Un rebaño inquieto, descontento, siempre agitado y molesto nunca le va bien. Lo mismo ocurre con los seres humanos. No hay nada que tranquiliza y asegura a las ovejas más que ver al pastor en el campo. La presencia de su amo, dueño y protector las tranquiliza como ningún otro, tanto de día como de noche.

Jesús dijo: «Porque donde dos o tres se reúnen en mi nombre, allí estoy yo en medio de ellos».

MATEO 18:20

Jesús dijo: «La paz les dejo; mi paz les doy. Yo no se la doy a ustedes como la da el mundo. No se angustien ni se acobarden».

JUAN 14:27

Dichosos los que saben aclamarte, SEÑOR,
*   y caminan a la luz de tu presencia;*
los que todo el día se alegran en tu nombre
*   y se regocijan en tu justicia.*

SALMO 89:15-16

En la vida cristiana no hay sustituto para el conocimiento agudo de que mi Pastor está cerca. No hay nada como la presencia de Cristo, el Buen Pastor, para disipar el temor, el pánico y el terror de lo desconocido.

Sean fuertes y valientes. No teman ni se asusten ante esas naciones, pues el Señor su Dios siempre los acompañará; nunca los dejará ni los abandonará.

DEUTERONOMIO 31:6

Ya que has puesto al Señor por tu refugio,
    al Altísimo por tu protección,
ningún mal habrá de sobrevenirte,
    ninguna calamidad llegará a tu hogar.

SALMO 91:9-10

Que su amabilidad sea evidente a todos. El Señor está cerca. No se inquieten por nada; más bien, en toda ocasión, con oración y ruego, presenten sus peticiones a Dios y denle gracias. Y la paz de Dios, que sobrepasa todo entendimiento, cuidará sus corazones y sus pensamientos en Cristo Jesús..

FILIPENSES 4:5-7

En medio del infortunio de repente viene la revelación de que, Cristo, el Buen Pastor, está conmigo. Todo cambia. Su presencia en el retrato arroja una luz diferente en todo el cuadro. De repente las cosas no se ven tan negras ni tan espantosas. La vista cambia y hay esperanza. Me encuentro liberado del temor. El descanso vuelve, y puedo relajarme.

Jesús se dirigió a la gente, y les dijo:
—Yo soy la luz del mundo. El que me sigue no andará en tinieblas, sino que tendrá la luz de la vida.

JUAN 8:12

En él estaba la vida,
y la vida era la luz de la humanidad.
Esta luz resplandece en las tinieblas,
y las tinieblas no han podido extinguirla.

JUAN 1:4-5

En paz me acuesto y me duermo,
porque sólo tú, SEÑOR, me haces vivir confiado.

SALMO 4:8

La obra especial del Espíritu compasivo de Dios comunica este sentido de Cristo a mi corazón temeroso. Viene calladamente para reasegurarme que Cristo mismo está al tanto de mi dilema y que está profundamente vinculado a mí. De hecho, mi descanso y tranquilidad provienen de esta realidad. La idea de una mente sana es la de una mente tranquila, en paz, sin perturbaciones, que no está hostigada ni obsesionada con temores y presagios del futuro.

Pues Dios no nos ha dado un espíritu de timidez, sino de poder, de amor y de dominio propio.

2 TIMOTEO 1:7

Los ojos del Señor están sobre los justos, y sus oídos, atentos a sus oraciones.

SALMO 34:15

Al de carácter firme lo guardarás en perfecta paz, porque en ti confía.

ISAÍAS 26:3

Para poder acostarse y descansar, las ovejas deben ser liberadas de la tensión, la rivalidad y la competencia cruel dentro del rebaño mismo. En toda sociedad animal existe un orden de dominio o rango dentro del grupo. Por causa de esta rivalidad —tensión y competencia por la jerarquía y confianza en sí mismo— existe fricción.

No dejemos que la vanidad nos lleve a irritarnos y a envidiarnos unos a otros.

GÁLATAS 5:26

Sírvanse unos a otros con amor. En efecto, toda la ley se resume en un solo mandamiento: «Ama a tu prójimo como a ti mismo». Pero si siguen mordiéndose y devorándose, tengan cuidado, no sea que acaben por destruirse unos a otros. Así que les digo: Vivan por el Espíritu, y no seguirán los deseos de la naturaleza pecaminosa.

GÁLATAS 5:13-16

No hagan nada por egoísmo o vanidad; más bien, con humildad consideren a los demás como superiores a ustedes mismos.

FILIPENSES 2:3

El continuo conflicto y celos dentro del rebaño puede tener un efecto perjudicial. Las ovejas se ponen nerviosas, tensas, descontentas e inquietas. Pierden peso y se vuelven irritables. Pero cuando aparece el pastor, las ovejas rápidamente olvidan sus rivalidades necias y dejan de pelear. La presencia del pastor cambia completamente su comportamiento.

«Por eso, así dice el Señor omnipotente: Yo mismo voy a juzgar entre las ovejas gordas y las flacas. Por cuanto ustedes han empujado con el costado y con la espalda, y han atacado a cornadas a las más débiles, hasta dispersarlas, voy a salvar a mis ovejas, y ya no les servirán de presa. Yo juzgaré entre ovejas y ovejas. Entonces les daré un pastor, mi siervo David, que las apacentará y será su único pastor».

Ezequiel 34:20-23

El que es ambicioso provoca peleas,
* pero el que confía en el Señor prospera.*

Proverbios 28:25

El dilema de las ovejas aparece también en la sociedad humana. La puja por imponerse y lograr reconocimiento personal continúa. Lucho por ser la oveja «número uno». Pateo y peleo para competir y avanzar. Aparecen los celos. Nacen la rivalidad acalorada y el gran disconformismo. Esto conduce a un estilo de vida codicioso donde debo siempre defenderme a mí mismo, y a mis derechos, para avanzar por encima de los demás.

Mientras haya entre ustedes celos y contiendas, ¿no serán inmaduros? ¿Acaso no se están comportando según criterios meramente humanos?

1 CORINTIOS 3:3

Jesús dijo: «El que quiera hacerse grande entre ustedes deberá ser su servidor, y el que quiera ser el primero deberá ser esclavo de los demás; así como el Hijo del hombre no vino para que le sirvan, sino para servir y para dar su vida en rescate por muchos».

MATEO 20:26-28

El retrato en Salmos muestra el pueblo de Dios, sus ovejas, descansando en contentamiento sereno. Esta sensación de contentamiento manso debiera ser una de las marcas sobresalientes del cristiano. La presencia del Buen Pastor pone fin a toda rivalidad. El corazón humilde que camina en serenidad y contentamiento, en compañía íntima con Cristo, está sosegado, puede relajarse, y no tiene problema en recostarse mientras el mundo sigue girando.

Es cierto que con la verdadera religión se obtienen grandes ganancias, pero sólo si uno está satisfecho con lo que tiene.

1 Timoteo 6:6

Allí está el mar, ancho e infinito,
que abunda en animales, grandes y pequeños,
cuyo número es imposible conocer.
Allí navegan los barcos y se mece Leviatán,
que tú creaste para jugar con él.
Todos ellos esperan de ti
que a su tiempo les des su alimento.
Tú les das, y ellos recogen;
abres la mano, y se colman de bienes.

Salmo 104:25-28

Jesús dijo: «Mira que estoy a la puerta y llamo. Si alguno oye mi voz y abre la puerta, entraré, y cenaré con él, y él conmigo».

Apocalipsis 3:20

Cuando los ojos de la oveja están puestos en el amo, no miran los de alrededor. Este es el lugar de paz. Al final, el Buen Pastor es quien decide la verdadera condición de cada oveja. Su apreciación es la única que importa. Cualquier medición humana en el mejor de los casos será relativamente imprevisible, informal e inconclusa.

Fijemos la mirada en Jesús, el iniciador y perfeccionador de nuestra fe.

HEBREOS 12:2

No nos atrevemos a igualarnos ni a compararnos con algunos que tanto se recomiendan a sí mismos. Al medirse con su propia medida y compararse unos con otros, no saben lo que hacen. Nosotros, por nuestra parte, no vamos a jactarnos más de lo debido. Nos limitaremos al campo que Dios nos ha asignado según su medida, en la cual también ustedes están incluidos.

2 CORINTIOS 10:12-13

Afirma el Señor: «Yo las pastorearé con justicia.»

EZEQUIEL 34:16

Para poder recostarse y descansar, las ovejas deben estar libres del tormento de los parásitos e insectos. El cuidado diligente de un pastor que mantiene una observación constante de los insectos evitará que molesten a su rebaño. Siempre está en primer lugar la meta de mantener el rebaño tranquilo, contento y en paz.

El Señor es quien te cuida,
  el Señor es tu sombra protectora.
De día el sol no te hará daño,
  ni la luna de noche.
 El Señor te protegerá;
    de todo mal protegerá tu vida.
   El Señor te cuidará en el hogar y en el
        camino,
      desde ahora y para siempre.
                              Salmo 121:5-7

    Sólo él puede librarte de las trampas del
        cazador
    y de mortíferas plagas,
  pues te cubrirá con sus plumas
  y bajo sus alas hallarás refugio.
   ¡Su verdad será tu escudo y tu baluarte!
                              Salmo 91:3-4

La vida trae muchas irritaciones pequeñas, fastidios, pequeñas frustraciones, y las experiencias desagradables y siempre recurrentes a la vida del pueblo de Dios, sus ovejas. En la Escritura, el Espíritu clemente de Dios a menudo se simboliza como aceite; que trae sanidad, consuelo y alivio de los aspectos duros y abrasivos de la vida.

¡Cuán bueno y cuán agradable es
*   que los hermanos convivan en armonía!*
Es como el buen aceite que, desde la cabeza,
*   va descendiendo por la barba,*
por la barba de Aarón,
*   hasta el borde de sus vestiduras.*
Es como el rocío de Hermón
*   que va descendiendo sobre los montes de Sión.*
Donde se da esta armonía,
*   el Señor concede bendición y vida eterna.*

— SALMO 133:1-3

Pero un samaritano que iba de viaje llegó a donde estaba el hombre y, viéndolo, se compadeció de él. Se acercó, le curó las heridas con vino y aceite, y se las vendó. Luego lo montó sobre su propia cabalgadura, lo llevó a un alojamiento y lo cuidó.

LUCAS 10:33-34

E l clemente Espíritu Santo permite al pueblo de Dios, sus ovejas, experimentar la misma presencia de Cristo. Trae quietud, serenidad, fortaleza y calma al enfrentar frustraciones y futilidad. Cuando, en carácter de oveja de Dios, le permito ver que tengo un dilema, una dificultad, una experiencia desagradable más allá de mi gobierno, viene a darme asistencia.

El SEÑOR ha hecho gala de su triunfo;
ha mostrado su justicia a las naciones.

SALMO 98:2

«Quédense quietos, reconozcan que yo soy Dios.
¡Yo seré exaltado entre las naciones!
¡Yo seré enaltecido en la tierra!»

SALMO 46:10

El SEÑOR está conmigo, él es mi ayuda.

SALMO 118:7

Así que podemos decir con toda confianza:
«El Señor es quien me ayuda; no temeré.
¿Qué me puede hacer un simple mortal?»

HEBREOS 13:6

Le pido que, por medio del Espíritu y con el poder que procede de sus gloriosas riquezas, los fortalezca a ustedes en lo íntimo de su ser.

EFESIOS 3:16

El Buen Pastor toma control a su manera maravillosa. Aplica el antídoto que trae sanidad y consuelo en forma efectiva a mi problema particular por medio del antídoto de su propia persona y presencia. Tengo la certeza de que está obrando poderosamente a mi favor, y por lo tanto, estoy tranquilo y contento. Puedo recostarme en paz y descansar.

Él fue traspasado por nuestras rebeliones,
*   y molido por nuestras iniquidades;*
sobre él recayó el castigo, precio de nuestra paz,
*   y gracias a sus heridas fuimos sanados.*

ISAÍAS 53:5

Hijo mío, conserva el buen juicio;
*   no pierdas de vista la discreción.*
Te serán fuente de vida,
*   te adornarán como un collar.*
Podrás recorrer tranquilo tu camino,
*   y tus pies no tropezarán.*
Al acostarte, no tendrás temor alguno;
*   te acostarás y dormirás tranquilo.*

PROVERBIOS 3:21-24

Para poder recostarse y descansar tranquila, la oveja debe estar libre del temor a pasar hambre. Una oveja hambrienta, mal alimentada está siempre de pie, moviéndose, buscando otro escaso bocado de forraje para tratar de satisfacer el hambre que la carcome. Tales ovejas están descontentas. No prosperan, languidecen y carecen de vigor y vitalidad; esto no les sirve ni a ellas mismas ni a sus dueños.

Dichoso aquel cuya ayuda es el Dios de Jacob,
  cuya esperanza está en el SEÑOR su Dios,
creador del cielo y de la tierra,
  del mar y de todo cuanto hay en ellos,
y que siempre mantiene la verdad.
El SEÑOR hace justicia a los oprimidos,
da de comer a los hambrientos
y pone en libertad a los cautivos.

SALMO 146:5-7

El SEÑOR no deja sin comer al justo,
  pero frustra la avidez de los malvados.

PROVERBIOS 10:3

Con tremendo esfuerzo y habilidad, el pastor cuidadoso debe cultivar pasturas verdes para sus ovejas. Esto significa limpiar tierra rústica y rocosa, arrancando matorrales, raíces y cabos, arando y preparando la tierra, plantando semillas, y granos y legumbres especiales, irrigando, y cuidando los campos de forraje para alimentar los rebaños.

Jesús dijo: «Yo soy la vid verdadera, y mi Padre es el labrador».

JUAN 15:1

Con tus cuidados fecundas la tierra,
*   y la colmas de abundancia.*
Los arroyos de Dios se llenan de agua
*   para asegurarle trigo al pueblo.*
¡Así preparas el campo!
Empapas los surcos, nivelas sus terrones,
*   reblandeces la tierra con las lluvias*
*   y bendices sus renuevos.*

SALMO 65:9-10

La senda del justo es llana;
*   tú, que eres recto, allanas su camino.*

ISAÍAS 26:7

No existe sustituto para la buena pastura.
No hay nada mejor para el dueño que ver a sus
ovejas bien atendidas y repletas de forraje verde
y suntuoso, capaces de recostarse a descansar,
rumiar y crecer.

Alaba, alma mía, al SEÑOR,
y no olvides ninguno de sus beneficios
... él colma de bienes tu vida
y te rejuvenece como a las águilas.

SALMO 103:2, 5

Los más desvalidos pacerán como ovejas,
los necesitados descansarán seguros.

ISAÍAS 14:30

Así dice el Señor:
«Junto a los caminos pastarán
y en todo cerro árido hallarán pastos.
No tendrán hambre ni sed,
no los abatirá el sol ni el calor,
porque los guiará quien les tiene compasión,
y los conducirá junto a manantiales de
agua».

ISAÍAS 49:9-10

Se alimentarán de las riquezas de las naciones,
y se jactarán de los tesoros de ellas.

ISAÍAS 61:6

Como integrante del pueblo de Dios, su oveja, se me promete una vida de victoria. Esto ocurre gracias al esfuerzo implacable de Cristo a mi favor. Obra en mi vida para sacar las piedras de incredulidad y las raíces de amargura. Trata de desguazar mi duro y orgulloso corazón humano que está asentado como arcilla secada al sol.

Porque todo el que ha nacido de Dios vence al mundo. Ésta es la victoria que vence al mundo: nuestra fe. ¿Quién es el que vence al mundo sino el que cree que Jesús es el Hijo de Dios?

1 JUAN 5:4-5

Así dice el Señor: «Les daré un nuevo corazón, y les infundiré un espíritu nuevo; les quitaré ese corazón de piedra que ahora tienen, y les pondré un corazón de carne. Infundiré mi Espíritu en ustedes, y haré que sigan mis preceptos y obedezcan mis leyes».

EZEQUIEL 36:26-27

El Buen Pastor siembra la semilla de su preciosa Palabra, la cual, si se le da la más mínima oportunidad de crecer, producirá cosechas abundantes de contentamiento y paz. La irriga con los rocíos y la lluvia de su propia presencia mediante el Espíritu Santo. Atiende, cuida y cultiva mi vida, y anhela que me vuelva rico, próspero y productivo.

Así como la lluvia y la nieve
descienden del cielo,
y no vuelven allá sin regar antes la tierra
y hacerla fecundar y germinar
para que dé semilla al que siembra
y pan al que come,
así es también la palabra que sale de mi boca:
No volverá a mí vacía,
sino que hará lo que yo deseo
y cumplirá con mis propósitos».

ISAÍAS 55:10-11

Esta vida de victoria calma, de reposo alegre, de descanso en su presencia, de confianza en su dirección es el resultado de la energía e industria implacable de mi amo quien desea verme satisfecho y bien alimentado. Todo denota el deseo del Buen Pastor de verme bien atendido. Me ha provisto verdes pastos si deseo aprovecharlos, y encontrar paz y abundancia. Puedo acostarme y descansar, gracias a él.

Reconozcan que el Señor es Dios;
él nos hizo, y somos suyos.
Somos su pueblo, ovejas de su prado.

Salmo 100:3

Con tus tesoros les has llenado el vientre,
sus hijos han tenido abundancia,
y hasta ha sobrado para sus descendientes.

Salmo 17:14

Sin embargo, no ha dejado de dar testimonio de sí mismo haciendo el bien, dándoles lluvias del cielo y estaciones fructíferas, proporcionándoles comida y alegría de corazón.

Hechos 14:17

JUNTO A
TRANQUILAS AGUAS
ME CONDUCE

Ninguna otra clase de ganado requiere manejo más cuidadoso, o dirección más detallada, que las ovejas. Sin duda, David, como pastor, había aprendido de primera mano por experiencia ardua. Sabía por encima de cualquier discusión que si el rebaño había de prosperar, y la reputación del pastor como buen administrador había de mantenerse en alta estima, las ovejas debieran estar bajo control meticuloso y guía constante.

Así dice el Señor:
«Conduciré a los ciegos por caminos desconocidos,
los guiaré por senderos inexplorados;
ante ellos convertiré en luz las tinieblas,
y allanaré los lugares escabrosos.
Esto haré,
y no los abandonaré».

ISAÍAS 42:16

Por tu gran amor guías al pueblo que has rescatado;
por tu fuerza los llevas a tu santa morada.

ÉXODO 15:13

¡Este Dios es nuestro Dios eterno!
¡Él nos guiará para siempre!

SALMO 48:14

La mejor protección que un pastor tiene en el manejo de su rebaño es mantenerlas en movimiento. Es decir, no se puede arriesgar a dejarlas en el mismo lugar por mucho tiempo. Deben ir de pastura en pastura en forma periódica. Esto impide que gasten de más el forraje. También evita que se hagan surcos en los caminos y se erosione la tierra por uso excesivo. Impide que las ovejas vuelvan a infestarse con parásitos internos o enfermedad.

A su pueblo lo guió como a un rebaño;
los llevó por el desierto, como a ovejas,
infundiéndoles confianza para que no temieran.
Pero a sus enemigos se los tragó el mar.

SALMO 78:52-53

Y tú, SEÑOR, eres mi porción y mi copa;
eres tú quien ha afirmado mi suerte.
Bellos lugares me han tocado en suerte;
¡preciosa herencia me ha correspondido!

SALMO 16:5-6

Debe haber un plan de acción predeterminado, una rotación deliberada y planeada de una pastura a otra en línea con principios correctos y apropiados de manejo sensato. Esto es precisamente el tipo de acción que David tenía en mente cuando habló de ser guiado por sendas de justicia.

Tus ojos vieron mi cuerpo en gestación:
todo estaba ya escrito en tu libro;
todos mis días se estaban diseñando,
aunque no existía uno solo de ellos.

SALMO 139:16

SEÑOR, hazme conocer tus caminos;
muéstrame tus sendas.
Encamíname en tu verdad, ¡enséñame!
Tú eres mi Dios y Salvador;
¡en ti pongo mi esperanza todo el día!.

SALMO 25:4-5

Me has dado a conocer la senda de la vida;
me llenarás de alegría en tu presencia,
y de dicha eterna a tu derecha.

SALMO 16:11

Junto a este concepto de administración existe, por supuesto, el conocimiento íntimo que el pastor tiene de sus pasturas. Él ha estado por todo el terreno vez tras vez. Conoce todas su ventajas y cada desventaja. Sabe donde prosperará su rebaño, y está al tanto de los lugares donde el alimento es pobre.

Yo te guío por el camino de la sabiduría,
te dirijo por sendas de rectitud.

PROVERBIOS 4:11

Confía en el SEÑOR y haz el bien;
establécete en la tierra y mantente fiel.

SALMO 37:3

Porque él es nuestro Dios
y nosotros somos el pueblo de su prado;
¡somos un rebaño bajo su cuidado!

SALMO 95:7

Se proclamará la memoria de tu inmensa bondad,
y se cantará con júbilo tu victoria.

SALMO 145:7

Pero los planes del SEÑOR quedan firmes para siempre;
los designios de su mente son eternos.

SALMO 33:11

El corazón del hombre traza su rumbo,
pero sus pasos los dirige el SEÑOR.

PROVERBIOS 16:9

Los hábitos de comportamiento de las personas son muy parecidos a los de las ovejas. A menudo prefiero seguir mis caprichos y volcarme a mis propios caminos. Esto simplemente significa que me gusta hacer lo que a mí me interesa. Siento la libertad de afirmar mis propios deseos y llevar adelante mis propias ideas a pesar de todas las advertencias. Al contrario, Cristo, el Buen Pastor, dice en forma apacible: «Sígueme, y te guiaré por sendas de justicia».

Todos andábamos perdidos, como ovejas;
cada uno seguía su propio camino,
pero el Señor hizo recaer sobre él
la iniquidad de todos nosotros.

Isaías 53:6

Jesús dice: «El portero le abre la puerta, y
las ovejas oyen su voz. Llama por nom-
bre a las ovejas y las saca del redil.
Cuando ya ha sacado a todas las que son
suyas, va delante de ellas, y las ovejas lo
siguen porque reconocen su voz».

Juan 10:3-4

P ara ser guiado por sendas de justicia, se requieren siete actitudes nuevas. Son el equivalente de movimientos progresivos para adelante hacia nuevo terreno con Dios. Al seguirlas, encuentro pastura fresca; vida nueva, abundante; salud mejor, plenitud y santidad en mi caminar con Dios.

Sigo avanzando hacia la meta para ganar el premio que Dios ofrece mediante su llamamiento celestial en Cristo Jesús.

FILIPENSES 3:14

¿Están ustedes dispuestos a obedecer?
    ¡Comerán lo mejor de la tierra!

ISAÍAS 1:19

Como hijos obedientes, no se amolden a los malos deseos que tenían antes, cuando vivían en la igno-rancia. Más bien, sean ustedes santos en todo lo que hagan, como también es santo quien los llamó; pues está escrito: «Sean santos, porque yo soy santo».

1 PEDRO 1:14-16

Ciertamente son rectos los caminos del Señor: en ellos caminan los justos.

OSEAS 14:9

JUNTO A TRANQUILAS
AGUAS ME CONDUCE

La primera actitud nueva que debo adquirir es esta: Más que amarme a mí mismo, estoy dispuesto a amar primero a Dios, luego a los demás. El momento en que hago algo definido para Dios u otros que me cuesta, expreso amor y comienzo a pasar por la puerta que me lleva a verdes pastos.

—*«Ama al Señor tu Dios con todo tu corazón, con todo tu ser y con toda tu mente» —le respondió Jesús—. Éste es el primero y el más importante de los mandamientos. El segundo se parece a éste: «Ama a tu prójimo como a ti mismo».*

MATEO 22:37-39

Jesús dijo: «Den, y se les dará: se les echará en el regazo una medida llena, apretada, sacudida y desbordante. Porque con la medida que midan a otros, se les medirá a ustedes».

LUCAS 6:38

La segunda actitud que debo adquirir es esta: En vez de ser uno más del montón, estoy dispuesto a ser llamado, a diferenciarme del resto. Dios señaló que solo unos pocos lo aceptarían. Ser marcado como uno de los suyos acarrearía una cierta cantidad de críticas. Pero la recompensa es grande.

> Salgan de en medio de ellos [los incrédulos]
>   y apártense.
> No toquen nada impuro,
>   y yo los recibiré.

2 Corintios 6:17

> Jesús dijo:
> «Dichosos los perseguidos por causa de la justicia,
>   porque el reino de los cielos les pertenece».

Mateo 5:10

> Ayúdense unos a otros a llevar sus cargas, y así cumplirán la ley de Cristo.

Gálatas 6:2

La tercera actitud que debo adquirir es esta: En vez de demandar mis derechos, estoy dispuesto a renunciarlos a favor de otros. Cuando estoy dispuesto a embolsar mi orgullo, tomar el asiento de atrás, y tener un papel secundario sin sentirme abusado o dejado de lado, he avanzado un largo trecho en un nuevo territorio con Dios.

Cada uno debe velar no sólo por sus propios intereses sino también por los intereses de los demás.

FILIPENSES 2:4

Que nadie busque sus propios intereses sino los del prójimo.

1 CORINTIOS 10:24

Luego dijo Jesús a sus discípulos:
—Si alguien quiere ser mi discípulo, tiene que negarse a sí mismo, tomar su cruz y seguirme. Porque el que quiera salvar su vida, la perderá; pero el que pierda su vida por mi causa, la encontrará.

MATEO 16:24-25

La cuarta actitud que debemos adquirir es esta: En vez de ser «jefe», estoy dispuesto a estar abajo del montón. Una marca distintiva del alma serena es la ausencia de «empuje» por autodeterminación. Cuando estoy dispuesto a poner mi vida y mis asuntos en las manos de Dios para que él ejerza el mando y la dirección, habré encontrado el lugar de descanso en los campos frescos día a día.

Entonces Jesús se sentó, llamó a los doce y les dijo: —Si alguno quiere ser el primero, que sea el último de todos y el servidor de todos.

MARCOS 9:35

El amor ... no se comporta con rudeza, no es egoísta.

1 CORINTIOS 13:4-5

Después de todo, aunque nuestros padres humanos nos disciplinaban, los respetábamos. ¿No hemos de someternos, con mayor razón, al Padre de los espíritus, para que vivamos?

HEBREOS 12:9

La quinta actitud que debo adquirir es esta: En vez de encontrar fallas con la vida y siempre preguntar «¿por qué?», estoy dispuesto a aceptar toda circunstancia de la vida con una actitud de agradecimiento. Conocer más allá de cualquier duda que por medio de Jesús, el Buen Pastor, Dios todo lo hace para mi bienestar, implica ser guiado a un lugar espacioso de paz y quietud y fortaleza para cada situación.

Den gracias a Dios en toda situación, porque esta es su voluntad para ustedes en Cristo Jesús.

1 Tesalonicenses 5:18

Anímense unos a otros con salmos, himnos y canciones espirituales. Canten y alaben al Señor con el corazón, dando siempre gracias a Dios el Padre por todo, en el nombre de nuestro Señor Jesucristo.

Efesios 5:19-20

Ahora bien, sabemos que Dios dispone todas las cosas para el bien de quienes lo aman, los que han sido llamados de acuerdo con su propósito.

Romanos 8:28

La sexta actitude que debo adquirir es esta: En vez de ejercer e imponer mi voluntad, aprendo a cooperar con los deseos de Dios y obedecer su voluntad. Cuando permito que mi voluntad sea cancelada, cruzando el gran «yo» de mis decisiones, entonces, en verdad, he asimilado la cruz en mi vida.

Jesús dijo: «Padre, si quieres, no me hagas beber este trago amargo; pero no se cumpla mi voluntad, sino la tuya».

LUCAS 22:42

Jesús dijo: «El que no toma su cruz y me sigue no es digno de mí. El que encuentre su vida, la perderá, y el que la pierda por mi causa, la encontrará».

MATEO 10:38-39

En cuanto a mí, jamás se me ocurra jactarme de otra cosa sino de la cruz de nuestro Señor Jesucristo, por quien el mundo ha sido crucificado para mí, y yo para el mundo.

GÁLATAS 6:14

La séptima actitud que debo adquirir es esta: En vez de elegir mi propia voluntad, estoy dispuesto a elegir el camino de Dios, sencillamente hacer lo que él me pide. Esto no es nada menos que obediencia simple y franca. Cuando haya decidido hacer lo que Dios me pide, estaré avanzando sobre territorio fresco, que me hará mucho bien.

Opten por mi instrucción, no por la plata;
*   por el conocimiento, no por el oro refinado.*
Vale más la sabiduría que las piedras preciosas,
*   y ni lo más deseable se le compara.*

PROVERBIOS 8:10-11

Así que sométanse a Dios. Resistan al diablo, y él huirá de ustedes.

SANTIAGO 4:7

Si realmente escuchas al Señor tu Dios, y cumples fielmente todos estos mandamientos que hoy te ordeno, el Señor tu Dios te pondrá por encima de todas las naciones de la tierra.

DEUTERONOMIO 28:1

Dios quiere que avance con él. Quiere que camine con él. Lo quiere por mi bienestar y el de los demás, así como su propia reputación. Si pongo empeño en buscar su voluntad y su guía, él ya lo ha hecho posible por medio de su clemente Espíritu Santo, quien se da a aquellos que le obedecen.

—¡Es necesario obedecer a Dios antes que a los hombres! —respondieron Pedro y los demás apóstoles—. El Dios de nuestros antepasados resucitó a Jesús, a quien ustedes mataron colgándolo de un madero. Por su poder, Dios lo exaltó como Príncipe y Salvador, para que diera a Israel arrepentimiento y perdón de pecados. Nosotros somos testigos de estos acontecimientos, y también lo es el Espíritu Santo que Dios ha dado a quienes le obedecen.

HECHOS 5:29-32

Pues Dios es quien produce en ustedes tanto el querer como el hacer para que se cumpla su buena voluntad.

FILIPENSES 2:13

Sigan por el camino que el Señor su Dios les ha trazado, para que vivan, prosperen y disfruten de larga vida en la tierra que van a poseer.

DEUTERONOMIO 5:33

AUN SI VOY POR
VALLES TENEBROSOS...

Los pastores efectivos se esfuerzan por llevar sus rebaños a tierras distantes durante el verano. Esto a menudo ocasiona largos viajes. Las ovejas avanzan lentamente, comiendo en el camino, gradualmente esforzándose en subir las montañas detrás de la nieve en retroceso. Durante este tiempo, el rebaño queda completamente solo con el pastor, en contacto íntimo con él, bajo su atención más personal día y noche.

Pero el Señor Todopoderoso será exaltado en justicia,
el Dios santo se mostrará santo en rectitud.
Los corderos pastarán como en praderas propias,
y las cabras comerán entre las ruinas de los ricos.

ISAÍAS 5:16-17

Las haré pastar en los mejores pastos, y su aprisco
estará en los montes altos de Israel. Allí descansarán
en un buen lugar de pastoreo y se alimentarán de los
mejores pastos de los montes de Israel.

EZEQUIEL 34:14

David, el pastor salmista, supo por experiencia de primera mano de todas las dificultades y peligros como también de los deleites de las excursiones al altiplano. Él conocía bien este campo salvaje y maravilloso. Nunca llevó su rebaño donde no había estado él primero. Siempre había ido a ver bien el campo de antemano.

Es él quien me arma de valor
*   y endereza mi camino;*
da a mis pies la ligereza del venado,
*   y me mantiene firme en las alturas.*

SALMO 18:32-33

A ti, fortaleza mía, vuelvo los ojos,
*   pues tú, oh Dios, eres mi protector.*
Tú eres el Dios que me ama,
*   e irás delante de mí*
*   para hacerme ver la derrota de mis enemigos.*

SALMO 59:9-10

El Señor mismo marchará al frente de ti y estará contigo; nunca te dejará ni te abandonará. No temas ni te desanimes.

DEUTERONOMIO 31:8

Todos los peligros de ríos alborotados por el diluvio, avalanchas, derrumbes de rocas, plantas venenosas, la asolación causada por depredadores que atacan el rebaño, como también las tormentas de aguanieve, granizo, y nieve eran familiares para David, el pastor experimentado. Nada lo tomó por sorpresa. Estaba plenamente preparado para proteger su rebaño y atenderlo con habilidad en cada circunstancia.

Pero ahora, así dice el Señor ...
«No temas, que yo te he redimido;
 te he llamado por tu nombre; tú eres mío.
Cuando cruces las aguas,
 yo estaré contigo;
cuando cruces los ríos,
 no te cubrirán sus aguas;
cuando camines por el fuego,
 no te quemarás ni te abrasarán las llamas».

Isaías 43:1-2

De repente, se levantó en el lago una tormenta tan fuerte que las olas inundaban la barca. ...
Entonces se levantó y reprendió a los vientos y a las olas, y todo quedó completamente tranquilo.

Mateo 8:24.26

Las acciones de David son un recordatorio de que mi propio Buen Pastor también va al frente de mí y sabe cómo cuidarme del peligro. Esto brinda una grandeza, una quietud que da descanso a mi alma. «No temo peligro alguno porque tú estás a mi lado ...» Dios está conmigo en cada situación, en cada prueba oscura, en cada lúgubre desilusión, en cada dilema angustiante.

Así que no temas, porque yo estoy contigo;
*   no te angusties, porque yo soy tu Dios.*
Te fortaleceré y te ayudaré;
*   te sostendré con mi diestra victoriosa.*

ISAÍAS 41:10

Sólo en Dios halla descanso mi alma;
*   de él viene mi salvación.*
Sólo él es mi roca y mi salvación;
*   él es mi protector.*
*   ¡Jamás habré de caer!*

SALMO 62:1-2

Así dice el Señor:
«Marcharé al frente de ti,
*   y allanaré las montañas;*
haré pedazos las puertas de bronce
*   y cortaré los cerrojos de hierro.*

ISAÍAS 45:2

Como cristiano, frecuentemente hablo de querer «avanzar a un plano más elevado con Dios». Anhelo vivir por arriba de las tierras bajas de la vida. Quiero ir más allá de lo que hace la mayoría, quiero caminar más íntimamente con él. Es como si imaginara que me llevaran en helicóptero a un lugar más elevado. No ocurre así. Tal como sucede con el manejo común de las ovejas, ocurre con el pueblo de Dios; la única manera de subir a un lugar más alto es subiendo por los valles.

Yo lo libraré, porque él se acoge a mí;
lo protegeré, porque reconoce mi nombre.

SALMO 91:14

Porque en el día de la aflicción
él me resguardará en su morada;
al amparo de su tabernáculo me
protegerá
y me pondrá en alto, sobre una roca.

SALMO 27:5

T oda montaña tiene valles. Las laderas están marcadas por barrancas, quebradas y mesetas profundas. Un pastor experimentado dirige a su rebaño mansamente pero con persistencia por los senderos que serpentean por los valles oscuros, sabiendo que esa es la mejor ruta a la cima. «*Aun si voy por valles tenebrosos*» no implica que moriré allí o que incluso me detendré; más bien iré allí. Atravesaré el valle de la sombra de muerte; de un lado al otro.

Hemos pasado por el fuego y por el agua,
    pero al fin nos has dado un respiro.

SALMO 66:12

SEÑOR, por causa de mis enemigos,
    dirígeme en tu justicia;
    empareja delante de mí tu senda.

SALMO 5:8

Guíame, SEÑOR, por tu camino;
    dirígeme por la senda de rectitud,
    por causa de los que me acechan.

SALMO 27:11

Para mí, un hijo de Dios, la oveja de su rebaño, la muerte es un valle oscuro abriendo paso a una eternidad de deleite con Dios. No es algo que causa temor, sino que es una experiencia que pasaré por el sendero hacia una vida más perfecta. El Buen Pastor dice: «Les aseguro que estaré con ustedes siempre», incluso en el valle tenebroso.

Entonces Jesús le dijo:
—Yo soy la resurrección y la vida. El que cree en mí vivirá, aunque muera.

JUAN 11:25

Así que nos mantenemos confiados, y preferiríamos ausentarnos de este cuerpo y vivir junto al Señor.

2 CORINTIOS 5:8

Porque para mí el vivir es Cristo y el morir es ganancia.

FILIPENSES 1:21

Jesús dijo: «Y les aseguro que estaré con ustedes siempre, hasta el fin del mundo».

MATEO 28:20

Como una de las ovejas de Dios, sé que atravesaré otros valles durante mis días en la tierra. Las desilusiones, frustraciones, desánimos, dilemas, días oscuros, difíciles, aunque sean valles ensombrecidos, no tienen que ser desastres o callejones sin salida. Pueden ser el camino a un lugar más alto en mi caminar con Dios

Él levanta del polvo al pobre
    y saca del muladar al necesitado;
los hace sentarse con príncipes.

SALMO 113:7-8

Tú, SEÑOR, mantienes mi lámpara encendida;
    tú, Dios mío, iluminas mis tinieblas.

SALMO 18:28

La senda de los justos se asemeja
    a los primeros albores de la aurora;
su esplendor va en aumento
    hasta que el día alcanza su plenitud.

PROVERBIOS 4:18

Desde los confines de la tierra te invoco,
    pues mi corazón desfallece;
    llévame a una roca donde esté yo a salvo.

SALMO 61:2

La segunda razón por la cual un pastor experimentado lleva a sus ovejas a través de los valles para llegar a la cima es que este camino siempre está bien irrigado. El pastor sabe que puede encontrar agua refrescante por todo el camino. Encuentra ríos, arroyos, manantiales, y estanques tranquilos en las profundidades. Los rebaños sienten sed intensa durante las largas expediciones veraniegas. Los bebederos frecuentes les ofrecen gran refrigerio.

El Señor te guiará siempre;
te saciará en tierras resecas,
y fortalecerá tus huesos.
Serás como jardín bien regado,
como manantial cuyas aguas no se agotan.

Isaías 58:11

Tú haces que los manantiales
viertan sus aguas en las cañadas,
y que fluyan entre las montañas.
De ellas beben todas las bestias del campo;
allí los asnos monteses calman su sed.

Salmo 104:10-11

Como una de las ovejas de Dios, he descubierto que en los valles de la vida recibo el refrigerio directo de Dios. Luego de caminar con él a través de algunas dificultades muy intensas descubrí que me puede llevar a encontrar refrigerio en él en medio de mi dificultad.

¡Tiembla, oh tierra, ante el Señor,
tiembla ante el Dios de Jacob!
¡Él convirtió la roca en un estanque,
el pedernal en manantiales de agua!.

SALMO 114:7-8

Tú, oh Dios, diste abundantes lluvias;
reanimaste a tu extenuada herencia.

SALMO 68:9

Guíame, pues eres mi roca y mi fortaleza,
dirígeme por amor a tu nombre.

SALMO 31:3

Que se levanten todos los valles,
y se allanen todos los montes y colinas;
que el terreno escabroso se nivele
y se alisen las quebradas.

ISAÍAS 40:4

Solo como uno que transitó tales valles oscuros puedo consolar, reconfortar o animar a otros en situaciones similares. Tal como el simple hecho de que el agua puede fluir por una zanja, un canal o un valle; así también puede fluir el amor de Dios en mi vida solamente por los valles que han sido tallados y moldeados por experiencias acuciantes.

El que es generoso prospera;
el que reanima será reanimado.

PROVERBIOS 11:25

Alabado sea el Dios y Padre de nuestro Señor Jesucristo, Padre misericordioso y Dios de toda consolación, quien nos consuela en todas nuestras tribulaciones para que con el mismo consuelo que de Dios hemos recibido, también nosotros podamos consolar a todos los que sufren. Pues así como participamos abundantemente en los sufrimientos de Cristo, así también por medio de él tenemos abundante consuelo.

2 CORINTIOS 1:3-5

Igual que la mayoría de las personas, no quiero pasar por los valles. Les rehuyo por temor y presagio. Sin embargo, a pesar de mis peores presentimientos, he visto que Dios puede darme gran beneficio y bendición duradera a mí y a otros por atravesar esos valles. No siempre trataré de evitar lo tenebroso, los días angustiantes. Posiblemente sea la mejor manera de tener refrigerio para mí y para aquellos a mi alrededor.

Pero nosotros no somos de los que se vuelven atrás y acaban por perderse, sino de los que tienen fe y preservan su vida.

HEBREOS 10:39

Haré brotar ríos en las áridas cumbres,
y manantiales entre los valles.
Transformaré el desierto en estanques de agua,
y el sequedal en manantiales.

ISAÍAS 41:18

Ten compasión de mí, oh Dios;
ten compasión de mí, que en ti confío.
A la sombra de tus alas me refugiaré,
hasta que haya pasado el peligro.

SALMO 57:1

El pastor elige llevar su rebaño a la tierra alta pasando por los valles por otra razón. Allí encuentra la comida más rica y el mejor forraje en el camino. Estos claros de pastura a menudo se encuentran en la base de cañones y quebradas escarpadas. Puede que encima haya precipicios muy altos a cada lado. Puede que el piso del valle esté en sombra tenebrosa.

¡Cuán precioso, oh Dios, es tu gran amor!
Todo ser humano halla refugio
a la sombra de tus alas.

SALMO 36:7

A la sombra de tus alas cantaré,
porque tú eres mi ayuda.
Mi alma se aferra a ti;
tu mano derecha me sostiene.

SALMO 63:7-8

Toda buena dádiva y todo don perfecto descienden de lo alto, donde está el Padre que creó las lumbreras celestes, y que no cambia como los astros ni se mueve como las sombras.

SANTIAGO 1:17

El pastor sabe que los depredadores se esconden en los despeñaderos. Sabe que los valles pueden estar sujetos a tormentas e inundaciones repentinas, derrumbes de rocas, avalanchas de barro o nieve, y una docena de otros desastres naturales que pudieran destruir sus ovejas. Sin embargo, es el mejor camino a las alturas. No ahorra ningún esfuerzo para mantenerse atento a cualquier peligro.

Emboscados, disparan contra el inocente;
*   le tiran sin temor y sin aviso. ...*
Pero Dios les disparará sus flechas,
*   y sin aviso caerán heridos.*

SALMO 64:4,7

Protégeme de las trampas que me tienden,
*   de las trampas que me tienden los malhechores.*
Que caigan los impíos en sus propias redes,
*   mientras yo salgo bien librado.*

SALMO 141:9-10

Porque el SEÑOR estará siempre a tu lado
*   y te librará de caer en la trampa.*

PROVERBIOS 3:26

Mi pastor conoce los riesgos y me guía por los valles de la vida. También sabe dónde puedo encontrar fortaleza, sustento, y pastura suave a pesar de todas las amenazas de desastre a mi alrededor. Me tranquiliza descubrir que, aun en el valle tenebroso, hay una fuente de fortaleza y valentía que puede ser hallada para el pueblo de Dios, sus ovejas.

Manténganse alerta; permanezcan firmes en la fe; sean valientes y fuertes.

1 Corintios 16:13

¡Cuánto te amo, Señor, fuerza mía!
El Señor es mi roca, mi amparo, mi libertador;
*   es mi Dios, el peñasco en que me refugio.*
Es mi escudo, el poder que me salva,
*   ¡mi más alto escondite!*

Salmo 18:1-2

El Señor es mi fuerza y mi escudo;
*   mi corazón en él confía;*
*   de él recibo ayuda.*

Salmo 28:7

Como parte del rebaño puedo decir sin titubeo: «Que venga lo que sea. Tormentas pueden surgir a mi alrededor, depredadores pueden atacar, los ríos de reveses pueden amenazarme con inundaciones, pero como Dios está conmigo, no temeré».

Vivir de esta manera es el resultado de haber tomado largas expediciones a las tierras altas de santidad, tranquilidad, y de vida reposada con Dios.

Siempre tengo presente al Señor;
*   con él a mi derecha, nada me hará caer.*
Por eso mi corazón se alegra,
*   y se regocijan mis entrañas;*
*   todo mi ser se llena de confianza.*

Salmo 16:8-9

Sólo él es mi roca y mi salvación;
*   él es mi protector*
*   y no habré de caer.*
Dios es mi salvación y mi gloria;
*   es la roca que me fortalece;*
*   ¡mi refugio está en Dios!*

Salmo 62:6-7

La pregunta no es si habrá valles en mi vida, sino si habrá muchos o pocos. Se trata de que si esos valles serán tenebrosos o simplemente ensombrecidos. La clave es: ¿Cuál será mi reacción? ¿Cómo los atravesaré?

Enemiga mía, no te alegres de mi mal.
Caí, pero he de levantarme;
vivo en tinieblas, pero el Señor es mi luz.

MIQUEAS 7:8

Que se regocijen en el SEÑOR los justos;
que busquen refugio en él;
¡que lo alaben todos los de recto corazón!

SALMO 64:10

Así mi alma se alegrará en el SEÑOR
y se deleitará en su salvación;
así todo mi ser exclamará:
«¿Quién como tú, SEÑOR?
Tú libras de los poderosos a los pobres;
a los pobres y necesitados
libras
de aquellos que los explotan».

SALMO 35:9-10

Con Jesús, el Buen Pastor, a mi lado, puedo enfrentar los valles en mi vida con tranquilidad. Con el Espíritu clemente de Dios que me guía, puedo enfrentarlos sin temor. Puedo conocer una confianza que solo al pasar por los valles me permite alcanzar tierra alta con Dios. De esta manera no solo seré bendecido, sino también me convertiré en una bendición para aquellos que están a mi alrededor que aun viven en temor.

No temerá recibir malas noticias;
su corazón estará firme, confiado en el Señor.

Salmo 112:7

Por cuanto el Señor *omnipotente me ayuda,*
no seré humillado.
Por eso endurecí mi rostro como el pedernal,
y sé que no seré avergonzado.

Isaías 50:7

Jesús dijo:
«Dichosos los que trabajan por la paz,
porque serán llamados hijos de Dios».

Mateo 5:9

TU VARA DE PASTOR
ME RECONFORTA

Cuando el pastor está en el campo con su rebaño en las tierras altas, su costumbre es llevar el mínimo de equipaje. En el Medio Oriente, el pastor lleva solo una vara y un callado. Cada pastor niño, desde el primer momento que comienza a cuidar el rebaño de su padre, tiene un orgullo especial en la elección de una vara y un callado que se adecue especialmente a su tamaño y fuerza. La vara se convierte en su arma principal para la defensa propia y de sus ovejas.

Pastorea con tu cayado a tu pueblo,
al rebaño de tu propiedad,
que habita solitario en el bosque,
en medio de la espesura.
Hazlo pastar en Basán y en Galaad
como en los tiempos pasados.

MIQUEAS 7:14

El rey hará justicia a los pobres del pueblo
y salvará a los necesitados;
¡él aplastará a los opresores!

SALMO 72:4

Montaré guardia junto a mi casa
para que nadie entre ni salga.
¡Nunca más un opresor invadirá a mi pueblo,
porque ahora me mantengo vigilante!

ZACARÍAS 9:8

La efectividad de estos garrotes rústicos en las manos de pastores habilidosos es asombrosa. La vara, en realidad, es una extensión del brazo derecho del mismo pastor. Simboliza su fuerza, su poder, su autoridad en cualquier situación seria. La vara es lo que usa para defenderse a sí mismo y a su rebaño.

Tú, que salvas con tu diestra
a los que buscan escapar de sus adversarios,
dame una muestra de tu gran amor.

SALMO 17:7

La mano del SEÑOR
no es corta para salvar,
ni es sordo su oído para oír.

ISAÍAS 59:1

Ahora sé que el SEÑOR salvará a su ungido,
que le responderá desde su santo cielo
y con su poder le dará grandes victorias.
Éstos confían en sus carros de guerra,
aquéllos confían en sus corceles,
pero nosotros confiamos en el nombre
del SEÑOR nuestro Dios.

SALMO 20:6-7

La vara también es un instrumento de disciplina que el pastor emplea para corregir ovejas descarriadas que insisten en desviarse del rebaño.

Para las ovejas, la vara del pastor —su arma de poder, autoridad y defensa— es un alivio continuo. Con ella, el pastor puede llevar a cabo un control efectivo de su rebaño en cualquier situación.

Dichoso aquel a quien tú, Señor, corriges;
*   aquel a quien instruyes en tu ley.*

SALMO 94:12

Hijo mío, no desprecies la disciplina del Señor,
*   ni te ofendas por sus represiones.*
Porque el Señor disciplina a los que ama,
*   como corrige un padre a su hijo querido.*

PROVERBIOS 3:11-12

Ciertamente, ninguna disciplina, en el momento de recibirla, parece agradable, sino más bien penosa; sin embargo, después produce una cosecha de justicia y paz para quienes han sido entrenados por ella.

HEBREOS 12:11

Jesús dijo: «Yo reprendo y disciplino a todos los que amo. Por lo tanto, sé fervoroso y arrepiéntete».

APOCALIPSIS 3:19

En mi vida de cristiano, la vara de pastor representa la Palabra de Dios hablada, el propósito expreso, la actividad extendida de la mente y voluntad de Dios en el trato con los hombres. Denota la autoridad de la divinidad. Conlleva el poder de convicción y el impacto irrefutable de «Así dice el Señor».

Tema toda la tierra al SEÑOR;
hónrenlo todos los pueblos del mundo;
porque él habló, y todo fue creado;
dio una orden, y todo quedó firme.

SALMO 33:8-9

Envió su palabra para sanarlos,
y así los rescató del sepulcro.

SALMO 107:20

En el principio ya existía el Verbo,
y el Verbo estaba con Dios,
y el Verbo era Dios

JUAN 1:1

La hierba se seca y la flor se marchita,
pero la palabra de nuestro Dios
permanece para siempre.

ISAÍAS 40:8

Toda palabra de Dios es digna de crédito;
Dios protege a los que en él buscan refugio.

PROVERBIOS 30:5

Así como las ovejas encuentran sosiego y consolación al ver la vara en las manos habilidosas del pastor, puedo encontrar gran seguridad al comtemplar el poder, la veracidad, y la potencia de la autoridad establecida en la Palabra de Dios. Las Escrituras son mi vara de pastor, la extensión de su mente, voluntad e intenciones para conmigo.

Envía su palabra a la tierra;
su palabra corre a toda prisa.

SALMO 147:15

Así Dios nos ha entregado sus preciosas y
magníficas promesas para que ustedes, luego
de escapar de la corrupción que hay en el
mundo debido a los malos deseos, lleguen a
tener parte en la naturaleza divina.

2 PEDRO 1:4

Como tenemos estas promesas, queridos
hermanos, purifiquémonos de todo lo que
contamina el cuerpo y el espíritu, para com-
pletar en el temor de Dios la obra de nuestra
santificación.

2 CORINTIOS 7:1

Que sea tu gran amor mi consuelo,
conforme a la promesa que hiciste a tu siervo.

SALMO 119:76

Me da confianza volcarme a la Palabra de Dios porque representa la mano de autoridad de mi Pastor. Que tranquilidad da este instrumento magistral, conciso y poderoso que me enseña a conducirme con propiedad. Impide que me afecte la confusión y el caos. La Palabra de Dios trae a mi vida un sentido de tranquila serenidad, que es precisamente a lo que el salmista se refería cuando dijo: «Tu vara de pastor me reconforta».

Ciertamente, la palabra de Dios es viva y poderosa, y más cortante que cualquier espada de dos filos. Penetra hasta lo más profundo del alma y del espíritu, hasta la médula de los huesos, y juzga los pensamientos y las intenciones del corazón.

HEBREOS 4:12

Así que no dejamos de dar gracias a Dios, porque al oír ustedes la palabra de Dios que les predicamos, la aceptaron no como palabra humana sino como lo que realmente es, palabra de Dios, la cual actúa en ustedes los creyentes.

1 TESALONICENSES 2:13

El pastor usa su vara para disciplinar a las ovejas así como para protegerlas. Si el pastor ve que una de sus ovejas comienza a descarriarse o si se acerca a hierbas venenosas, o algún otro tipo de peligro, la vara zumba por el aire y el animal descarriado vuelve al rebaño.

«Así dice el Señor omnipotente: Yo mismo me encargaré de buscar y de cuidar a mi rebaño. Como un pastor que cuida de sus ovejas cuando están dispersas, así me ocuparé de mis ovejas y las rescataré de todos los lugares donde, en un día oscuro y de nubarrones, se hayan dispersado».

Ezequiel 34:11-12

*Pero que se alegren todos los que en ti buscan refugio;
    ¡que canten siempre jubilosos!
Extiende tu protección, y que en ti se regocijen
    todos los que aman tu nombre.*

Salmo 5:11

Asimismo, la vara de pastor representa la Palabra de Dios. Al mandar prontamente a la oveja descarriada de vuelta al rebaño, así la Palabra de Dios viene aprisa a mi corazón para corregir y reprobarme cuando me alejo del camino de la justicia. Es el Espíritu del Dios Viviente, usando la Palabra viva, que me trae convicción a la conciencia de la conducta recta. De esta manera, quedo bajo el control firme de Dios.

El mandamiento es una lámpara
la enseñanza es una luz
y la disciplina es el camino a la vida.

PROVERBIOS 6:23

Recuerda que ando errante y afligido,
que me embargan la hiel y la amargura.
Siempre tengo esto presente,
y por eso me deprimo.
Pero algo más me viene a la memoria,
lo cual me llena de esperanza:
El gran amor del SEÑOR nunca se acaba,
y su compasión jamás se agota.

LAMENTACIONES 3:19-22

El pastor usa su vara para examinar y contar sus ovejas. Esto no solo pone las ovejas bajo control y autoridad sino también las sujeta bajo el examen más cuidadoso, íntimo y de primera mano. Una oveja que pasa «bajo la vara» ha sido contada y examinada con atención y gran cuidado para asegurarse que todo está bien con ella.

«Yo, el Señor, sondeo el corazón
    y examino los pensamientos,
para darle a cada uno según sus acciones
    y según el fruto de sus obras».

Jeremías 17:10

Examíname, Señor; ¡ponme a prueba!
    purifica mis entrañas y mi corazón.
Tu gran amor lo tengo presente,
    y siempre ando en tu verdad.

Salmo 26:2-3

Nuestros caminos están a la vista del Señor;
    él examina todas nuestras sendas.

Proverbios 5:21

La figura es conmovedora. Cada animal que sale del corral por la tranquera, para ante la vara extendida del pastor. El pastor abre la lana con la vara y corre sus manos sobre el cuerpo de la oveja, busca cualquier señal de peligro. Este es un proceso de búsqueda sumamente arduo que involucra hasta el detalle más íntimo. También reconforta a las ovejas, pues solo de esta manera puede el pastor ver claramente los problemas ocultos de las ovejas.

Jesús dijo: ¿No se venden dos gorriones por una monedita? «Sin embargo, ni uno de ellos caerá a tierra sin que lo permita el Padre; y él les tiene contados a ustedes aun los cabellos de la cabeza. Así que no tengan miedo; ustedes valen más que muchos gorriones».

Mateo 10:29-31

«¿Qué es el hombre, para que en él pienses?
¿Qué es el ser humano, para que lo tomes en cuenta?»
Pues lo hiciste poco menos que un dios,
y lo coronaste de gloria y de honra;

Salmo 8:4-5

Si yo le permito, si me someto a ella, Dios utilizará su vara, su Palabra, para examinarme. No hay forma de engatuzarlo. El avanzará más allá de la superficie, detrás de mi vieja vida propia, y pondrá de manifiesto aquellos problemas que necesitan ser corregidos. Esto lo hace por preocupación por mi bienestar. El Gran Pastor de mi alma tiene mi mejor interés en mente cuando me examina. Me reconforta saber que puedo confiar en su cuidado.

Él sacará a la luz lo que está oculto en la oscuridad y pondrá al descubierto las intenciones de cada corazón.

1 Corintios 4:5

Ninguna cosa creada escapa a la vista de Dios. Todo está al descubierto, expuesto a los ojos de aquel a quien hemos de rendir cuentas.

Hebreos 4:13

[Jesús] no necesitaba que nadie le informara nada acerca de los demás, pues él conocía el interior del ser humano.

Juan 2:25

El pastor también usa la vara para protegerse del peligro a sí mismo y a sus ovejas. La utiliza tanto como defensa como disuasión contra animales de rapiña como coyotes, lobos, pumas, y perros errantes. A menudo la usa para golpear los matorrales, desanimando a las serpientes y otras alimañas a molestar al rebaño.

Él defiende la causa del huérfano y de la viuda, y muestra su amor por el extranjero, proveyéndole ropa y alimentos.

DEUTERONOMIO 10:18

Defiendan la causa del huérfano y del desvalido;
*   al pobre y al oprimido háganles justicia.*
Salven al menesteroso y al necesitado;
*   líbrenlos de la mano de los impíos.*

SALMO 82:3-4

Tú, SEÑOR, escuchas la petición de los indefensos,
*   les infundes aliento y atiendes a su clamor.*
Tú defiendes al huérfano y al oprimido,
*   para que el hombre, hecho de tierra,*
*   no siga ya sembrando el terror.*

SALMO 10:17-18

Fue la vara de la Palabra de Dios que Jesús, el
Buen Pastor, empleó en su encuentro con esa serpiente —Satanás— durante su tentación en el
desierto. Yo también debo depender de la vara de la
Palabra de Dios para resistir vez tras vez a los asaltos
y ataques de Satanás en mi propia vida. No importa si
Satanás asume la apariencia de una serpiente sutil o
de un león rugiente. La vara de la Palabra de Dios me
protegerá.

*—¡Vete, Satanás! —le dijo Jesús—. Porque escrito
está: «Adora al Señor tu Dios y sírvele solamente a
él.» Entonces el diablo lo dejó, y unos ángeles acu-
dieron a servirle.*

MATEO 4:10-11

*Jesús dijo: «Pero tengan en cuenta que no hay por
qué preparar una defensa de antemano, pues yo
mismo les daré tal elocuencia y sabiduría para res-
ponder, que ningún adversario podrá resistirles ni
contradecirles».*

LUCAS 21:14-15

En cada situación y bajo toda circunstancia existe consuelo en la Palabra de Dios, su vara, ya que puede topar y conquistar cualquier dificultad si confiamos en ella.

Así que mi Dios les proveerá de todo lo que necesiten, conforme a las gloriosas riquezas que tiene en Cristo Jesús.

FILIPENSES 4:19

Todo el día me persiguen mis adversarios;
    son muchos los arrogantes que me atacan.
Cuando siento miedo,
    pongo en ti mi confianza.
Confío en Dios y alabo su palabra;
    confío en Dios y no siento miedo ...
Cuando yo te pida ayuda,
    huirán mis enemigos.
    Una cosa sé: ¡Dios está de mi parte!
Confío en Dios y alabo su palabra;
    confío en el SEÑOR y alabo su palabra;
confío en Dios y no siento miedo.
    ¿Qué puede hacerme un simple mortal?

SALMO 56:2-4.9-11

La vara de pastor, más que cualquier otro elemento de su equipo personal, identifica al pastor como tal. Es un instrumento único utilizado para cuidar y manejar las ovejas; y es exclusivamente para ellas. Está diseñada, formada, y adaptada especialmente a sus necesidades, y empleada solo para su beneficio

Pero ahora que han sido liberados del pecado y se han puesto al servicio de Dios, cosechan la santidad que conduce a la vida eterna.

ROMANOS 6:22

Pero yo confío en tu gran amor;
*   mi corazón se alegra en tu salvación.*
Canto salmos al SEÑOR.
*   ¡El SEÑOR ha sido bueno conmigo.*

SALMO 13:5-6

Bueno y justo es el SEÑOR;
*   por eso les muestra a los pecadores el camino.*
Él dirige en la justicia a los humildes,
*   y les enseña su camino.*
Todas las sendas del SEÑOR son amor y verdad
*   para quienes cumplen los preceptos de su pacto*

SALMO 25:8-10

La vara es esencialmente un símbolo de preocupación y compasión del pastor por su carga. Ninguna otra palabra simplemente puede describir con mayor claridad su función respecto al rebaño que confort. Mientras que vara transmite el concepto de autoridad, poder, disciplina y defensa en contra del peligro, el «cayado» representa todo lo longánime y bondadoso.

Recordaré el gran amor del SEÑOR,
y sus hechos dignos de alabanza,
por todo lo que hizo por nosotros,
por su compasión y gran amor.
¡Sí, por la multitud de cosas buenas
que ha hecho por los descendientes de Israel!

ISAÍAS 63:7

Si alguien ha de gloriarse,
que se gloríe de conocerme
y de comprender que yo soy el SEÑOR,
que actúo en la tierra con amor,
con derecho y justicia,
pues es lo que a mí me agrada
—afirma el SEÑOR—.

JEREMÍAS 9:24

La vara de pastor generalmente es larga y delgada, a menudo con un gancho o una curvatura en uno de los extremos. El pastor la selecciona con gran cuidado. Luego la moldea, la alisa, y la corta para que se acomode de la mejor manera a su uso personal. La vara es una ayuda especial para el mismo pastor. En las marchas pesadas y a través de las largas y cansadoras veladas con sus ovejas, se inclina en ella para apoyo y fuerza.

Confía en el Señor de todo corazón,
y no en tu propia inteligencia.
Reconócelo en todos tus caminos,
y él allanará tus sendas.

PROVERBIOS 3:5-6

¿Quién entre ustedes teme al Señor
y obedece la voz de su siervo?
Aunque camine en la oscuridad,
y sin un rayo de luz,
que confíe en el nombre del Señor
y dependa de su Dios.

ISAÍAS 50:10

Así como la vara de pastor representa la Palabra de Dios, el cayado simboliza el Espíritu de Dios. En el trato del Buen Pastor conmigo en forma individual, existe la esencia de dulzura, confort y consuelo, y la corrección mansa que obra su Espíritu clemente.

Jesús dijo: «Y yo le pediré al Padre, y él les dará otro Consolador para que los acompañe siempre: el Espíritu de verdad, a quien el mundo no puede aceptar porque no lo ve ni lo conoce. Pero ustedes sí lo conocen, porque vive con ustedes y estará en ustedes».

JUAN 14:16-17

Jesús dijo: «Todo cuanto tiene el Padre es mío. Por eso les dije que el Espíritu tomará de lo mío y se lo dará a conocer a ustedes».

JUAN 16:15

La primera manera en que la vara juega un papel importante en el manejo de las ovejas es que las atrae a una relación íntima. El pastor empleará la vara para levantar delicadamente una oveja recién nacida para traérsela a la madre si se separan. Es conmovedor ver las caricias ligeras amables con las que se levantan a las ovejas recién nacidas con la vara y se las coloca entre medio de los suyos.

Jesús dijo: «Pero yo, cuando sea levantado de la tierra, atraeré a todos a mí mismo».

JUAN 12:32

Acérquense a Dios, y él se acercará a ustedes.

SANTIAGO 4:8

Acerquémonos, pues, a Dios con corazón sincero y con la plena seguridad que da la fe, interiormente purificados de una conciencia culpable y exteriormente lavados con agua pura.

HEBREOS 10:22

El pastor usa su vara para alcanzar y prender las ovejas una por una, jóvenes o viejas, y atraerlas hacia sí. De igual manera, en mi vida cristiana, el Espíritu Santo clemente, «el Consolador», me atrae a una comunión cálida y personal con otros. Es quien me atrae hacia sí mismo.

Para mí el bien es estar cerca de Dios.
He hecho del Señor Soberano mi refugio
para contar todas sus obras.

Salmo 73:28

Fiel es Dios, quien los ha llamado a tener comunión con su Hijo Jesucristo, nuestro Señor.

1 Corintios 1:9

Que la gracia del Señor Jesucristo, el amor de Dios y la comunión del Espíritu Santo sean con todos ustedes.

2 Corintios 13:14

Pero si vivimos en la luz, así como él está en la luz, tenemos comunión unos con otros, y la sangre de su Hijo Jesucristo nos limpia de todo pecado.

1 Juan 1:7

El pastor usa la vara para guiar a sus ovejas suavemente por un nuevo sendero o por alguna tranquera o rutas peligrosas, difíciles. No golpea a las ovejas, más bien pone la punta del palo largo y delgado, suavemente contra el costado del animal y la presión aplicada guia a las ovejas en la dirección que quiere el pastor.

Me has despejado el camino;
    por eso mis tobillos no flaquean.

2 SAMUEL 22:37

El Señor dice:
«¡Voy a hacer algo nuevo!
    Ya está sucediendo, ¿no se dan cuenta?
Estoy abriendo un camino en el desierto,
    y ríos en lugares desolados.

ISAÍAS 43:19

Dirígeme por la senda de tus mandamientos,
    porque en ella encuentro mi solaz.

SALMO 119:35

Tu palabra es una lámpara a mis pies;
    es una luz en mi sendero.

SALMO 119:105

El pastor a veces usa su vara para tocar el costado de una oveja mascota o favorita, simplemente como una manera de mantenerse en contacto con el animal. Los dos avanzan juntos como si estuvieran «caminando de la mano». La oveja obviamente disfruta de esta atención especial y se deleita en el contacto personal e íntimo con el pastor. Ser tratado de esta manera es conocer una dimensión de confort. Es un cuadro deleitoso y conmovedor.

¿En qué concuerdan el templo de Dios y los ídolos? Porque nosotros somos templo del Dios viviente. Como él ha dicho: «Viviré con ellos y caminaré entre ellos. Yo seré su Dios, y ellos serán mi pueblo».

2 CORINTIOS 6:16

En verdad, él no está lejos de ninguno de nosotros, «puesto que en él vivimos, nos movemos y existimos».

HECHOS 17:27-28

Y después de abrazarlos, [Jesús] los bendecía poniendo las manos sobre ellos.

MARCOS 10:16

Jesús, el Buen Pastor, declaró explícitamente que su Espíritu sería enviado para guiar a sus ovejas hacia toda la verdad. Ese mismo Espíritu clemente toma la verdad de Dios, la Palabra de Dios, y la simplifica para mi corazón, mente y entendimiento espiritual. Él es quien me dice suavemente, con ternura, pero con persistencia: «Éste es el camino; síguelo». Al acatar y cooperar con sus sugerencias apacibles, una sensación de seguridad, confort y bienestar me envuelve.

Jesús dijo: «Pero cuando venga el Espíritu de la verdad, él los guiará a toda la verdad, porque no hablará por su propia cuenta sino que dirá sólo lo que oiga y les anunciará las cosas por venir».

JUAN 16:13

Ya sea que te desvíes a la derecha o a la izquierda, tus oídos percibirán a tus espaldas una voz que te dirá: «Éste es el camino; síguelo».

ISAÍAS 30:21

El Espíritu Santo afable viene en quietud pero con fuerza para hacer que la vida de Jesús, mi pastor, sea real, personal e íntima en mí. A través suyo, estoy en contacto con Jesús. Tengo la conciencia aguda de que soy suyo y él es mío. A través de todo estoy siento tremendo confort y una sensación sublime de «unidad», «pertenencia», y «estar bajo su cuidado» y, en consecuencia, soy objeto de su afecto especial.

Jesús dijo: Padre, así como tú estás en mí y yo en ti, permite que ellos también estén en nosotros, para que el mundo crea que tú me has enviado. Yo les he dado la gloria que me diste, para que sean uno, así como nosotros somos uno: yo en ellos y tú en mí. Permite que alcancen la perfección en la unidad, y así el mundo reconozca que tú me enviaste y que los has amado a ellos tal como me has amado a mí.

JUAN 17:21-23

Puedo conocer de primera mano el toque del Pastor: la sensación de su Espíritu sobre el mio. Como un verdadero hijo de Dios, tengo la experiencia íntima, sutil y magnífica de sentir al Consolador a mi lado. Un reposo calmo, quieto descansa sobre mí, al entender que el Buen Pastor está allí para dirigir aun los detalles más mínimos de mi vida diaria. Puede confiar en él para asistirme en cada decisión, y en esto encuentro tremendo alivio.

Las suertes se echan sobre la mesa,
pero el veredicto proviene del Señor.

PROVERBIOS 16:33

Pon en manos del Señor todas tus obras,
y tus proyectos se cumplirán.
Toda obra del Señor tiene un propósito

PROVERBIOS 16:3-4

El corazón humano genera muchos proyectos,
pero al final prevalecen los designios del Señor.

PROVERBIOS 19:21

El pastor usa su vara para librar a sus ovejas de los enredos. Las ovejas son notorias por atrancarse fácilmente en laberintos de rosas salvajes o zarzas donde se han metido para encontrar unos pocos bocados de pasto verde. De a poco, se les enreda tanto la lana en las espinas que no pueden desenmarañarse, no importa cuánto intenten. Solo la vara puede librarlas de semejantes enredos.

Los lazos de la muerte me enredaron;
*   me sorprendió la angustia del sepulcro,*
*   y caí en la ansiedad y la aflicción.*
Entonces clamé al Señor:
*   «¡Te ruego, Señor, que me salves la vida!»*
El Señor es compasivo y justo;
*   nuestro Dios es todo ternura.*
El Señor protege a la gente sencilla;
*   estaba yo muy débil, y él me salvó.*

Salmo 116:3-6

Corro por el camino de tus mandamientos,
*   porque has ampliado mi modo de pensar.*

Salmo 119:32

Tal como las ovejas que meten sus narices donde no debieran, muchos de mis aprietos y embrollos son de mi propia autoría. Con obstinación terca y agresiva, sigo metiéndome en situaciones de las que no me puedo desembarazar. Luego con ternura, compasión y cuidado mi Pastor viene a mí. Se acerca con ternura y me saca del dilema por su Espíritu. ¡Cuán longánime y compasivo es Dios! ¡Tu vara, tu Espíritu, oh Señor, es mi consolación!

Cada uno es tentado cuando sus propios malos deseos lo arrastran y seducen. Luego, cuando el deseo ha concebido, engendra el pecado; y el pecado, una vez que ha sido consumado, da a luz la muerte.

SANTIAGO 1:14-15

Libra, además, a tu siervo de pecar a sabiendas;
*   no permitas que tales pecados me dominen.*
Así estaré libre de culpa
*   y de multiplicar mis pecados.*

SALMO 19:13

Pero tú, Señor, eres Dios clemente y compasivo,
*   lento para la ira, y grande en amor y verdad.*
Vuélvete hacia mí, y tenme compasión;
*   concédele tu fuerza a este siervo tuyo.*
*   ¡Salva a tu hijo fiel!*

SALMO 86:15-16

DISPONES ANTE MÍ
UN BANQUETE

Dispones ante mí un banquete

Es posible que David se refería a la cordillera en pleno verano cuando mencionaba la mesa del banquete. Aunque estos banquetes pudieran estar en lugares remotos y difíciles de alcanzar, el pastor enérgico y agresivo utiliza el tiempo y esfuerzo necesarios para para prepararlos para la llegada de sus rebaños.

Quien me ofrece su gratitud, me honra;
al que enmiende su conducta le mostraré mi
salvación».

Salmo 50:23

El Señor mismo nos dará bienestar,
y nuestra tierra rendirá su fruto.
La justicia será su heraldo
y le preparará el camino.

Salmo 85:12-1

Sobre este monte, el Señor Todopoderoso
preparará para todos los pueblos
un banquete de manjares especiales,
un banquete de vinos añejos,
de manjares especiales y de selectos vinos añejos.

Isaías 25:6

El Señor mismo marchará al frente de ti y estará contigo; nunca te dejará ni te abandonará. No temas ni te desanimes.

Deuteronomio 31:8

Temprano en la temporada, antes de que toda la nieve se haya derretido por el sol de primavera, el pastor hace expediciones preliminares de reconocimiento de la tierra rústica, salvaje. La revisa con gran cuidado, teniendo siempre en cuenta su mejor uso para su rebaño en la temporada venidera.

Jesús dijo: «Así que no se preocupen diciendo: "¿Qué comeremos?" o "¿Qué beberemos?" o "¿Con qué nos vestiremos?" Porque los paganos andan tras todas estas cosas, y el Padre celestial sabe que ustedes las necesitan. Más bien, busquen primeramente el reino de Dios y su justicia, y todas estas cosas les serán añadidas. Por lo tanto, no se angustien por el mañana, el cual tendrá sus propios afanes. Cada día tiene ya sus problemas».

Mateo 6:31-34

Porque yo sé muy bien los planes que tengo para ustedes —afirma el Señor—, planes de bienestar y no de calamidad, a fin de darles un futuro y una esperanza.

Jeremías 29:11

J usto antes de que lleguen las ovejas, el pastor lleva a cabo una o dos expediciones para preparar la mesa de la tierra para el rebaño. Lleva provisiones de sal y minerales para distribuir a lo largo del viaje en puntos estratégicos para el beneficio de las ovejas.

Con tus cuidados fecundas la tierra,
  y la colmas de abundancia.
Los arroyos de Dios se llenan de agua,
  para asegurarle trigo al pueblo.
  ¡Así preparas el campo!
Empapas los surcos, nivelas sus terrones,
  reblandeces la tierra con las lluvias
  y bendices sus renuevos.
Tú coronas el año con tus bondades,
  y tus carretas se desbordan de abundancia.
Rebosan los prados del desierto;
  las colinas se visten de alegría.
Pobladas de rebaños las praderas,
  y cubiertos los valles de trigales,
  cantan y lanzan voces de alegría.

SALMO 65:9-13

El pastor cuidadoso también decide con mucha anticipación donde van a estar localizados sus campamentos para que las ovejas tengan las mejores tierras. Analiza todo el trayecto para determinar cuidadosamente cuán vigoroso es el pasto y la vegetación tierra arriba. En ese momento decide cuáles van a ser los claros y pozos que pueden ser usados levemente y cuáles colinas y praderas pueden ser pastados más intensamente.

No teman, animales del campo,
*   porque los pastizales de la estepa reverdecerán;*
los árboles producirán su fruto,
*   y la higuera y la vid darán su riqueza.*
Alégrense, hijos de Sión,
*   regocíjense en el Señor su Dios,*
*   que a su tiempo les dará las lluvias de otoño.*
Les enviará la lluvia,
*   la de otoño y la de primavera,*
*   como en tiempos pasados.*
Las eras se llenarán de grano;
*   los lagares rebosarán de vino nuevo y de aceite.*

JOEL 2:22-24

El pastor se fija que no aparezca ninguna hierba venenosa, de lo contrario, tiene planes de pastura para evitar esos lugares o toma pasos drásticos para erradicarlos. Es un caso simple de «disponer un banquete»; si es que las ovejas han de sobrevivir, esto debe llevarse a cabo.

No me niegues, SEÑOR, tu misericordia;
que siempre me protejan tu amor y tu verdad.
Muchos males me han rodeado.

SALMO 40:11-12

Él cuida el sendero de los justos
y protege el camino de sus fieles.
Entonces comprenderás la justicia y el
derecho,
la equidad y todo buen camino;
la sabiduría vendrá a tu corazón,
y el conocimiento te endulzará la vida.
La discreción te cuidará,
la inteligencia te protegerá.

PROVERBIOS 2:8-11

El paralelismo con la vida cristiana es claro. Así como las ovejas, especialmente los corderos, a menudo deben probar todo —activitidades, actitudes, comportamiento— lo que les venga a la mano. Yo debo probar esto y aquello, muestreando todo solo para ver de qué se trata. Incluso es posible que sepa que algunas cosas son mortíferas. Sin embargo, por alguna razón decido que igual debo darle una vuelta.

Pero Dios es fiel, y no permitirá que ustedes sean tentados más allá de lo que puedan aguantar. Más bien, cuando llegue la tentación, él les dará también una salida a fin de que puedan resistir.

1 Corintios 10:13

Si confesamos nuestros pecados, Dios, que es fiel y justo, nos los perdonará y nos limpiará de toda maldad.

1 Juan 1:9

Por haber sufrido él mismo la tentación, puede socorrer a los que son tentados.

Hebreos 2:18

¡Alabado sea Dios! Mi excelente Buen Pastor avanza adelante de mí en toda situación, anticipando el peligro que pudiera encontrar, y orando por mí para que no sucumba ante el peligro.

Jesús dijo: «Satanás ha pedido zarandearlos a ustedes como si fueran trigo. Pero yo he orado por ti, para que no falle tu fe. Y tú, cuando te hayas vuelto a mí, fortalece a tus hermanos».

LUCAS 22:30-32

Tú eres mi refugio;
tú me protegerás del peligro
y me rodearás con cánticos de liberación.

SALMO 32:7

Porque el SEÑOR ama la justicia
y no abandona a quienes le son fieles.
El SEÑOR los protegerá para siempre,
pero acabará con la descendencia de los malvados.

SALMO 37:28

El SEÑOR lo protegerá y lo mantendrá con vida;
lo hará dichoso en la tierra
y no lo entregará al capricho de sus adversarios.

SALMO 41:2

El pastor debe tener un ojo abierto para detectar los animales de rapiña. Como su rebaño pasta en las mesetas, a vista plena de enemigos potenciales, se mantiene atento. Busca constantemente señales de lobos, coyotes, pumas, y osos. La preparación del pastor evita que su rebaño sea víctima del ataque.

Porque el SEÑOR cuida el camino de los justos,
    mas la senda de los malos lleva a la perdición.

SALMO 1:6

El SEÑOR dice:
«Yo te instruiré,
    yo te mostraré el camino que debes seguir;
    yo te daré consejos y velaré por ti.

SALMO 32:8

El SEÑOR cuida a todos los que lo aman,
    pero aniquilará a todos los impíos.

SALMO 145:20

Los ojos del SEÑOR están en todo lugar,
    vigilando a los buenos y a los malos.

PROVERBIOS 15:3

La atención del pastor a las alimañas trae a la mente una imagen sublime de mi Salvador. Conoce cada ardid, cada truco, y cada perfidia de mi enemigo Satanás y sus compañeros. Sabe que siempre estoy bajo peligro de ataque del que la Escritura llama «león rugiente», y anda buscando a quien devorar. Siempre es sensato caminar cerca de Jesús, mi Pastor.

Practiquen el dominio propio y manténganse alerta. Su enemigo el diablo ronda como león rugiente, buscando a quién devorar. Resístanlo, manteniéndose firmes en la fe.

1 PEDRO 5:8-9

Pónganse toda la armadura de Dios para que puedan hacer frente a las artimañas del diablo.

EFESIOS 6:11

Torre inexpugnable es el nombre del SEÑOR; a ella corren los justos y se ponen a salvo.

PROVERBIOS 18:10

El SEÑOR es refugio de los oprimidos; es su baluarte en momentos de angustia.

SALMO 9:9

Mi Pastor quiere prevenir la calamidad en mi vida. Quiere que mis estadías veraniegas en la cima de la montaña sean interludios de tranquilidad. Lo serán solo si permanezco cerca del único que puede protegerme. Debo leer la Palabra de Dios a diario, debo pasar tiempo hablándole, y debo darle la oportunidad de conversar conmigo por medio de su Espíritu al contemplar su vida y obra.

Dichoso el hombre
que no sigue el consejo de los malvados,
ni se detiene en la senda de los pecadores
ni cultiva la amistad de los blasfemos,
sino que en la ley del SEÑOR se deleita,
y día y noche medita en ella.
Es como el árbol
plantado a la orilla de un río
que, cuando llega su tiempo, da fruto
y sus hojas jamás se marchitan.
¡Todo cuanto hace prospera!

SALMO 1:1-3

Otra tarea que el pastor hace para su rebaño es limpiar los fosos de agua, los manantiales, los bebederos. Saca todos los escombros, que son hojas, ramas, piedras, y tierra que cae al agua durante el otoño y el invierno. Arregla pequeños muros de contención del agua. Abre manantiales que quedaron tapados por pasto, matorrales y cizaña. Asimismo, él también prepara el camino.

¡Cuán precioso, oh Dios, es tu gran amor!
Todo ser humano halla refugio
a la sombra de tus alas.
Se sacian de la abundancia de tu casa;
les das a beber de tu río de deleites.
Porque en ti está la fuente de la vida,
y en tu luz podemos ver la luz.
SALMO 36:7-9

Yo hago brotar agua en el desierto,
ríos en lugares desolados,
para dar de beber a mi pueblo escogido.
ISAÍAS 43:20

Jesús, mi Buen Pastor, ha ido delante de mí también, preparando un banquete en presencia de mis enemigos. Está plena y completamente y muy íntimamente involucrado en los asuntos de mi vida. Conoció mi sufrimiento, vivió mi aflicción, y padeció las luchas que he tenido en esta vida. Conoce lo que es el dolor.

Porque no tenemos un sumo sacerdote incapaz de compadecerse de nuestras debilidades, sino uno que ha sido tentado en todo de la misma manera que nosotros, aunque sin pecado.

HEBREOS 4:15

*Ciertamente él cargó con nuestras enfermedades
    y soportó nuestros dolores,
pero nosotros lo consideramos herido,
    golpeado por Dios, y humillado.
Él fue traspasado por nuestras rebeliones,
    y molido por nuestras iniquidades;
sobre él recayó el castigo, precio de nuestra paz,
    y gracias a sus heridas fuimos sanados.*

ISAÍAS 53:4-5

Como Jesús, mi Buen Pastor, ha experimentado la tentación, me comprende. Se ha identificado completamente con mi humanidad. En consecuencia, tiene un cuidado y una compasión por mí que excede mi entendimiento. Cuando tengo una disputa con Satanás, él está presente para defenderme. Cuando necesito agua fresca y hierba comestible, él ya ha ido delante de mí para abastecerme.

Tan compasivo es el SEÑOR con los que le temen
*   como lo es un padre con sus hijos.*

SALMO 103:13

Pero Dios es mi socorro;
*   el Señor es quien me sostiene.*

SALMO 54:4

Sin embargo, gracias a Dios que en Cristo siempre nos lleva triunfantes y, por medio de nosotros, esparce por todas partes la fragancia de su conocimiento.

2 CORINTIOS 2:14

Ustedes, queridos hijos, son de Dios y han vencido a esos falsos profetas, porque el que está en ustedes es más poderoso que el que está en el mundo.

1 JUAN 4:4

Al sentir la presencia de mi Buen Pastor en cada situación, asumo una postura tranquila y sosegadamente confiada. Mi peregrinaje cristiano se vuelve una experiencia sublime —un banquete—; simplemente estoy bajo el cuidado y control de mi Pastor quien ha recorrido todo el territorio antes que yo, y me preparó un «banquete» a plena vista de mis enemigos.

El producto de la justicia será la paz;
tranquilidad y seguridad perpetuas serán su fruto.

ISAÍAS 32:17

—Yo mismo iré contigo y te daré descanso —respondió el SEÑOR.

ÉXODO 33:14

Canten al SEÑOR un cántico nuevo, ...
Que alcen la voz el desierto y sus ciudades,
y los poblados donde Cedar habita.
Que canten de alegría los habitantes de Selá,
y griten desde las cimas de las montañas.
Den gloria al SEÑOR.

ISAÍAS 42:10-12

Dame una muestra de tu amor,
para que mis enemigos la vean y se avergüencen,
porque tú, SEÑOR, me has brindado ayuda y
consuelo.

SALMO 86:17

Desafortunadamente, a menudo paso por alto el tremendo costo personal que tuvo mi Pastor para prepararme el banquete. Tal como la soledad y la privación personal que siente el pastor que prepara el campo veraniego para sus ovejas requiere sacrificio, fue la agonía solitaria de Getsemaní y el Calvario que le costó tanto a mi Pastor.

Entonces [Jesús] se separó de ellos a una buena distancia, se arrodilló y empezó a orar: «Padre, si quieres, no me hagas beber este trago amargo; pero no se cumpla mi voluntad, sino la tuya». Entonces se le apareció un ángel del cielo para fortalecerlo. Pero, como estaba angustiado, se puso a orar con más fervor, y su sudor era como gotas de sangre que caían a tierra.

LUCAS 22:41- 44

Como bien saben, ustedes fueron rescatados de la vida absurda que heredaron de sus antepasados. El precio de su rescate no se pagó con cosas perecederas, como el oro o la plata, sino con la preciosa sangre de Cristo, como de un cordero sin mancha y sin defecto.

1 PEDRO 1:18–19

Cuando me acerco a la mesa del Señor y tomo parte del servicio de comunión, el cual es una fiesta de acción de gracias por su amor y cuidado, le pediré que me ayude a apreciar con mayor plenitud cuánto le ha costado prepararme este banquete.

Mientras comían, Jesús tomó pan y lo bendijo. Luego lo partió y se lo dio a sus discípulos, diciéndoles:

—Tomen y coman; esto es mi cuerpo.

Después tomó la copa, dio gracias, y se la ofreció diciéndoles:

—Beban de ella todos ustedes. Esto es mi sangre del pacto, que es derramada por muchos para el perdón de pecados.

MATEO 26:26-28

Luego miré, y oí la voz de muchos ángeles que estaban alrededor del trono, de los seres vivientes y de los ancianos. El número de ellos era millares de millares y millones de millones. Cantaban con todas sus fuerzas:

«¡Digno es el Cordero, que ha sido sacrificado,
de recibir el poder,
la riqueza y la sabiduría,
la fortaleza y la honra,
la gloria y la alabanza!»

APOCALIPSIS 5:11-12

Parte del misterio y maravilla del amor de Dios por mí está ligada al deseo profundo de su corazón de que yo viva en un plano más elevado. Le complace grandemente cuando camino en las sendas de santidad, de generosidad, de contentamiento sereno bajo su cuidado, consciente de su presencia y disfrutando la intimidad de su compañía.

Vivir así es vivir con abundancia.
Caminar aquí es caminar con convicción serena.
Alimentarse aquí es estar repleto de cosas buenas.
Encontrar esta meseata es haber encontrado
*   una expresión de amor de mi Pastor por mí.*

Y en unión con Cristo Jesús, Dios nos resucitó y nos
hizo sentar con él en las regiones celestiales, para
mostrar en los tiempos venideros la incomparable
riqueza de su gracia, que por su bondad derramó
sobre nosotros en Cristo Jesús.

EFESIOS 2:6-7

HAS **UNGIDO** CON
PERFUME MI CABEZA

Las ovejas ahora están en un lugar sublime en las altas praderas, donde existen manantiales de agua cristalina, forraje fresco y tierno, y contacto íntimo con el pastor. Aunque de repente ocurre un pequeño incidente que estropea el encanto. El verano es tiempo de moscas, y no son un simple fastidio para las ovejas. Pueden afectar grandemente su sentido de bienestar y aun poner en peligro su salud.

Muchas son las angustias del justo,
pero el SEÑOR lo librará de todas ellas.

SALMO 34:19

Porque él no desprecia ni tiene en poco
el sufrimiento del pobre;
no esconde de él su rostro,
sino que lo escucha cuando a él clama.

SALMO 22:24

Él librará al indigente que pide auxilio,
y al pobre que no tiene quien lo ayude.
Se compadecerá del desvalido y del necesitado,
y a los menesterosos les salvará la vida.

SALMO 72:12-13

Ante la primera señal de moscas en el rebaño, el pastor aplica un antídoto en sus cabezas. A menudo esto consiste de un remedio casero compuesto de aceite de lino, sulfuro y alquitrán. El aceite se unta sobre la cabeza y la nariz de las ovejas para protegerlas. Una vez que el aceite ha sido puesto, las ovejas quedan tranquilas y contentas.

Que el Señor te responda cuando estés angustiado;
que el nombre del Dios de Jacob te proteja.
Que te envíe ayuda desde el santuario;
que desde Sión te dé su apoyo.
Que se acuerde de todas tus ofrendas;
que acepte tus holocaustos.

SALMO 20:1-2

Líbrame de mis enemigos, oh Dios;
protégeme de los que me atacan.

SALMO 59:1

El temor del Señor conduce a la vida;
da un sueño tranquilo y evita los problemas.

PROVERBIOS 19:23

Es cierto que con la verdadera religión se obtienen grandes ganancias, pero sólo si uno está satisfecho con lo que tiene.

1 TIMOTEO 6:6

Este es un cuadro de los irritantes de mi propia vida; las moscas representan las pequeñas molestias que arruinan mi reposo. Así como las ovejas requieren aplicación continua de aceite para mantener la calma y el reposo, en mi vida debe haber una unción continua del Espíritu clemente de Dios; un remedio que contraataca las molestias incesantes que de otra manera me dejarían irritado y agitado.

Los que aman tu ley disfrutan de gran bienestar,
*   y nada los hace tropezar.*

SALMO 119:165

Pero los desposeídos heredarán la tierra
*   y disfrutarán de gran bienestar.*

SALMO 37:11

Mi pueblo habitará en un lugar de paz,
*   en moradas seguras,*
*   en serenos lugares de reposo.*

ISAÍAS 32:18

Guarda silencio ante el SEÑOR,
*   y espera en él con paciencia;*
no te irrites ante el éxito de otros,
*   de los que maquinan planes malvados.*

SALMO 37:7

Es la unción diaria del Espíritu clemente de Dios sobre la mente que produce en mi vida tales rasgos de personalidad como gozo, contentamiento, amor, paciencia, amabilidad, y paz. Simplemente digo: «Oh Señor, no puedo hacer frente a estos problemas ruines, molestos e irritantes. Por favor unge mi mente con el aceite de tu Espíritu, tanto en los niveles conscientes como subconscientes de mis pensamientos. Permíteme obrar y reaccionar como tú lo harías». Y así ocurre.

Concentren su atención en las cosas de arriba, no en las de la tierra, pues ustedes han muerto y su vida está escondida con Cristo en Dios.

COLOSENSES 3:2-3

No obstante, hermanos, les animamos a amarse aun más, a procurar vivir en paz con todos, a ocuparse de sus propias responsabilidades y a trabajar con sus propias manos. Así les he mandado, para que por su modo de vivir se ganen el respeto de los que no son creyentes, y no tengan que depender de nadie.

1 TESALONICENSES 4:10-12

Filipenses 4:8 dice: «Por último, hermanos, consideren bien todo lo verdadero, todo lo respetable, todo lo justo, todo lo puro, todo lo amable, todo lo digno de admiración, en fin, todo lo que sea excelente o merezca elogio». La única manera posible de mantener mi mente libre de contaminación y agradable a Dios es mantenerme consciente a diario, y a cada hora de la presencia expiadora del Espíritu Santo de Dios, applicada a mi mente.

> *¿Por qué voy a inquietarme?*
> *¿Por qué me voy a angustiar?*
> *En Dios pondré mi esperanza*
> *y todavía lo alabaré.*
> *¡Él es mi Salvador y mi Dios!*
>
> SALMO 42:5

> *En mi lecho me acuerdo de ti;*
> *pienso en ti toda la noche.*
> *A la sombra de tus alas cantaré,*
> *porque tú eres mi ayuda.*
> *Mi alma se aferra a ti;*
> *tu mano derecha me sostiene.*
>
> SALMO 63:6-8

La complicación es que muchas veces zapateo y me quejo cuando el Buen Pastor pone su mano sobre mí con este propósito. Si no fuera por la compasión y preocupación continua de Dios por mí, pudiera estar sin esperanza. A veces estoy seguro que Dios viene a mí y unge mi mente con el aceite de su propio Espíritu a pesar de mis objeciones. Si así no fuera, ¿dónde estaría? Seguramente cada pensamiento amable que entra a mi mente viene de él.

Crea en mí, oh Dios, un corazón limpio,
*   y renueva la firmeza de mi espíritu.*
No me alejes de tu presencia
*   ni me quites tu santo Espíritu.*
Devuélveme la alegría de tu salvación;
*   que un espíritu obediente me sostenga.*

SALMO 51:10-12

Enséñame, SEÑOR, a seguir tus decretos,
*   y los cumpliré hasta el fin.*

SALMO 119:33

A medida que el Espíritu Santo invade mi vida y comienza a controlar mi mente y personalidad, los atributos de paz, gozo, longanimidad y generosidad se vuelven aparentes. Llego a un lugar de gran contentamiento bajo el cuidado del Pastor. En ese lugar comienza a desbordarse mi copa de contentamiento. De manera maravillosa, mi copa, o mi porción en la vida, es alegre y desborda con beneficios de todo tipo.

*Al de carácter firme
lo guardarás en perfecta paz,
porque en ti confía.*

ISAÍAS 26:3

La mentalidad pecaminosa es muerte, mientras que la mentalidad que proviene del Espíritu es vida y paz.

ROMANOS 8:6

No se amolden al mundo actual, sino sean transformados mediante la renovación de su mente. Así podrán comprobar cuál es la voluntad de Dios, buena, agradable y perfecta.

ROMANOS 12:2

No importa qué clase de tormentas enfrento, la misma vida, fortaleza y vitalidad del Buen Pastor se derrama sobre mí. Sobreabunda de manera que la copa de mi vida desborda con su vida a menudo con gran bendición y beneficio para otros que me ven tan bien parado en medio de pruebas y sufrimiento.

Jesús dijo: «Permanezcan en mí, y yo permaneceré en ustedes. Así como ninguna rama puede dar fruto por sí misma, sino que tiene que permanecer en la vid, así tampoco ustedes pueden dar fruto si no permanecen en mí».

JUAN 15:4-5

Jesús dijo: «De aquel que cree en mí, como dice la Escritura, brotarán ríos de agua viva.»

JUAN 7:38

LA BONDAD
Y EL AMOR
ME SEGUIRÁN

Las ovejas que tienen un pastor diligente y cuidadoso saben que frente a cualquier situación, la bondad y el amor les acompañarán. Se sienten seguras bajo su cuidado confiable, compasivo e inteligente. ¿Qué otra cosa les pudiera interesar? La bondad y el amor constituirán el tratamiento que recibirán de las manos amorosas de su pastor.

Pero de una cosa estoy seguro:
he de ver la bondad del Señor
en esta tierra de los vivientes.

SALMO 27:13

Cuán grande es tu bondad,
que atesoras para los que te temen,
y que a la vista de la gente derramas
sobre los que en ti se refugian.

SALMO 31:19

¡Aleluya! ¡Alabado sea el Señor!
Den gracias al Señor, porque él es bueno;
su gran amor perdura para siempre.

SALMO 106:1

Respóndeme, Señor, por tu bondad y tu amor;
por tu gran compasión, vuélvete a mí.

SALMO 69:16

Bajo la supervisión y cuidado del Buen Pastor, puedo estar estar seguro que ninguna dificultad puede surgir, ningún dilema puede emerger, ningún desastre aparente cae sobre mi vida sin que finalmente salga algo bueno del caos. Esto se debe a la constante bondad y misericordia de mi Pastor sobre mi vida. Esto ha venido a ser el gran fundamento de mi fe y confianza en él.

Ahora bien, sabemos que Dios dispone todas las cosas para el bien de quienes lo aman, los que han sido llamados de acuerdo con su propósito.

ROMANOS 8:28

En su angustia clamaron al SEÑOR,
*   y él los sacó de su aflicción.*
Cambió la tempestad en suave brisa:
*   se sosegaron las olas del mar.*
Ante esa calma se alegraron,
*   y Dios los llevó al puerto anhelado.*

SALMO 107:28-30

La bondad, misericordia y compasión de mi Buen Pastor para mí son nuevas cada día. Mi confianza está basada en esos aspectos de su carácter. Confío en su amor por mí. Mi serenidad tiene por fundamento una confianza implícita, inconmovible en su capacidad de hacer lo que está bien, lo mejor para mí en cada situación.

El gran amor del Señor nunca se acaba,
*   y su compasión jamás se agota.*
Cada mañana se renuevan sus bondades;
*   ¡muy grande es su fidelidad!*

LAMENTACIONES 3:22-23

Dios no es un simple mortal
*   para mentir y cambiar de parecer.*
¿Acaso no cumple lo que promete
*   ni lleva a cabo lo que dice?*

NÚMEROS 23:19

Éstos confían en sus carros de guerra,
*   aquéllos confían en sus corceles,*
pero nosotros confiamos en el nombre
*   del Señor nuestro Dios.*
Ellos son vencidos y caen,
*   pero nosotros nos erguimos y de pie*
*   permanecemos.*

SALMO 20:7-8

El retrato supremo de mi Pastor es este: Continuamente recibo su bondad y misericordia, y aunque no merezco las mismas, llegan a mí incesantemente de la fuente, su gran corazón de amor. Todo el cuidado, todo el esfuerzo, toda la vigilancia desvelada, toda la habilidad, toda la preocupación, todo el sacrificio personal nacen de su amor; el amor de uno que ama a sus ovejas, ama su trabajo, se deleita en ser mi Pastor.

Oh Señor, por siempre cantaré
la grandeza de tu amor;
por todas las generaciones
proclamará mi boca tu fidelidad.
Declararé que tu amor permanece firme para siempre,
que has afirmado en el cielo tu fidelidad.

Salmo 89:1-2

No nos trata conforme a nuestros pecados
ni nos paga según nuestras maldades.
Tan grande es su amor por los que le temen
como alto es el cielo sobre la tierra.

Salmo 103:10-11

Existe aun otro aspecto positivo, práctico de esta ecuación. Así como la bondad y el amor de Dios fluyen hacia mí todos los días de mi vida, debieran también seguirme, y debieran quedar atrás mío, como un legado para los demás, dondequiera voy.

> ¡Qué hermosos son, sobre los montes,
>   los pies del que trae buenas nuevas;
> del que proclama la paz,
>   del que anuncia buenas noticias,
>   del que proclama la salvación,
> del que dice a Sión: «Tu Dios reina»!
>
> ISAÍAS 52:7

> Sin embargo, gracias a Dios que en Cristo siempre nos lleva triunfantes y, por medio de nosotros, esparce por todas partes la fragancia de su conocimiento. Porque para Dios nosotros somos el aroma de Cristo entre los que se salvan y entre los que se pierden.
>
> 2 CORINTIOS 2:14-15

Es provechoso hacerme estas simples preguntas:

¿Dejo atrás paz... o tumulto?
¿Dejo atrás perdón... o amargura?
¿Dejo atrás contentamiento... o conflicto?
¿Dejo atrás abundante gozo... o frustración?
¿Dejo atrás amor... o rencor?

En cambio, la sabiduría que desciende del cielo es ante todo pura, y además pacífica, bondadosa, dócil, llena de compasión y de buenos frutos, imparcial y sincera. En fin, el fruto de la justicia se siembra en paz para los que hacen la paz.

SANTIAGO 3:17-18

Más bien, sean bondadosos y compasivos unos con otros, y perdónense mutuamente, así como Dios los perdonó a ustedes en Cristo.

EFESIOS 4:32

Jesús dijo: «Este mandamiento nuevo les doy: que se amen los unos a los otros. Así como yo los he amado, también ustedes deben amarse los unos a los otros. De este modo todos sabrán que son mis discípulos, si se aman los unos a los otros».

JUAN 13:34-35

A veces me olvido que mi Pastor busca algo de satisfacción también. Vemos que después de sufrir quedó satisfecho. Este es el beneficio que puedo darle. Él ve los largos años en que su bondad y amor me han seguido sin menguar. Anhela que yo ofrezca una medida de la misma bondad y el mismo amor a otros y también de vuelta a él con gozo. Ansía amor, mi amor. Y lo amo. Entonces queda satisfecho.

Después de su sufrimiento,
*   verá la luz y quedará satisfecho.*

Isaías 53:11

Tu amor es mejor que la vida;
*   por eso mis labios te alabarán.*
Te bendeciré mientras viva,
*   y alzando mis manos te invocaré.*

Salmo 63:3-4

EN LA CASA
DEL SEÑOR HABITARÉ
PARA SIEMPRE

Normalmente, «la casa del Señor» se referiría al santuario, la iglesia o el lugar de reunión del pueblo de Dios. David puede haber estado pensando en esto. Pero del punto de vista de las ovejas, el salmista probablemente se refería a los campos, corrales, establos y refugios de la casa del pastor.

Señor, tú has sido nuestro refugio
generación tras generación.

SALMO 90:1

¡Cuán hermosas son tus moradas,
SEÑOR Todopoderoso!
Anhelo con el alma los atrios del SEÑOR;
casi agonizo por estar en ellos.
Con el corazón, con todo el cuerpo,
canto alegre al Dios de la vida.
SEÑOR Todopoderoso, rey mío y Dios mío,
aun el gorrión halla casa cerca de tus altares;
también la golondrina hace allí su nido,
para poner sus polluelos.
Dichoso el que habita en tu templo,
pues siempre te está alabando.

SALMO 84:1-4

El pastor ha llevado al rebaño de las verdes pasturas y las aguas tranquilas del rancho propio, y a través de los pasos de montaña para llegar a las planicies del verano. El otoño ha llegado con sus tormentas, lluvia y nevisca, y el pastor ha guiado a su rebaño de vuelta a las colinas y el hogar para pasar el largo y tranquilo invierno.

Conozcamos al Señor;
vayamos tras su conocimiento.
Tan cierto como que sale el sol,
él habrá de manifestarse;
vendrá a nosotros como la lluvia de invierno,
como la lluvia de primavera que riega la tierra.

OSEAS 6:3

Jesús dijo: «No se angustien. Confíen en Dios, y confíen también en mí. En el hogar de mi Padre hay muchas viviendas; si no fuera así, ya se lo habría dicho a ustedes. Voy a prepararles un lugar. Y si me voy y se lo preparo, vendré para llevármelos conmigo. Así ustedes estarán donde yo esté».

JUAN 14:1-3

Porque tú has sido,
en su angustia,
un baluarte para el desvalido,
un refugio para el necesitado,
un resguardo contra la tormenta,
una sombra contra el calor.

ISAÍAS 25:4

Durante todas las estaciones del año, con sus riesgos, peligros, y molestias, la vigilancia, el cuidado, y la administración enérgica del pastor es lo que permite que las ovejas avancen con éxito. Un sentimiento sublime de compostura y contentamiento lleva a decir: «En la casa del Señor habitaré para siempre».

Salva a tu pueblo, bendice a tu heredad,
*   y cual pastor guíalos por siempre.*

Salmo 28:9

Este pobre clamó, y el Señor le oyó
*   y lo libró de todas sus angustias.*

Salmo 34:6

El Señor es quien te cuida,
*   el Señor es tu sombra protectora.*
De día el sol no te hará daño,
*   ni la luna de noche.*
El Señor te protegerá;
*   de todo mal protegerá tu vida.*
El Señor te cuidará en el hogar y en el camino,
*   desde ahora y para siempre.*

Salmo 121:5-8

La «casa del Señor» también se refiere a la familia, hogar, o rebaño del pastor. Las ovejas están tan profundamente satisfechas con el rebaño al que pertenecen, bajo la titularidad del pastor, que no tienen deseo alguno de cambiar.

Reconozcan que el Señor es Dios;
    él nos hizo, y somos suyos.
    Somos su pueblo, ovejas de su prado.

SALMO 100:3

Por lo tanto, ustedes ya no son extraños ni extranjeros, sino conciudadanos de los santos y miembros de la familia de Dios.

EFESIOS 2:19

Vengan, postrémonos reverentes,
    doblemos la rodilla
    ante el Señor nuestro Hacedor.
Porque él es nuestro Dios
    y nosotros somos el pueblo de su prado;
    ¡somos un rebaño bajo su cuidado!

SALMO 95:6-7

Pero a los necesitados los saca de su miseria,
    y hace que sus familias crezcan como rebaños.
Los rectos lo verán y se alegrarán.

SALMO 107:41-42

Estoy también agradecido que pertenezco al rebaño del Buen Pastor, la familia de Dios. Qué contento estoy cuando mira hacia atrás y recuerdo todas las formas asombrosas en que Dios proveyó para mi bienestar. Me deleita describir, en detalle, las experiencias duras por las que me guió. En el contentamiento y en la serenidad de mi vida muestro una ventaja característica de lo que significa ser miembro de la casa de Dios; ¡y una de las ovejas de su rebaño!

> Prefiero recordar las hazañas del Señor,
> traer a la memoria sus milagros de
> antaño.
> Meditaré en todas tus proezas;
> evocaré tus obras poderosas.
> Santos, oh Dios, son tus caminos;
> ¿qué dios hay tan excelso como nuestro
> Dios?
>
> Salmo 77:11-13

> Con labios jubilosos
> te alabará mi boca.
> En mi lecho me acuerdo de ti;
> pienso en ti toda la noche.
>
> Salmo 63:5-6

Tal vez el sentimiento más importante que se expresa en estas palabras finales del Salmo pueden resumirse así: «y en la casa del Señor habitaré para siempre». Esta no es solo la idea de un pastor siempre presente en el cuadro, pero también el concepto de que las ovejas quieren estar a plena vista del pastor a toda hora. Es la conciencia permanente de la cercanía de la presencia del pastor.

Una sola cosa le pido al Señor,
    y es lo único que persigo:
habitar en la casa del Señor
    todos los días de mi vida,
para contemplar la hermosura del Señor
    y recrearme en su templo.

SALMO 27:4

¿En qué concuerdan el templo de Dios y los ídolos? Porque nosotros somos templo del Dios viviente. Como él ha dicho: «Viviré con ellos y caminaré entre ellos. Yo seré su Dios, y ellos serán mi pueblo».

2 CORINTIOS 6:16

La presencia del pastor es la que garantiza que no faltará nada, y que habrá abundantes pasturas verdes, aguas limpias y quietas, nuevos senderos a campos frescos, veranos seguros en las planicies, libertad del temor, antídotos contra las moscas, enfermedad y parásitos, y tranquilidad y contentamiento.

Me has dado a conocer la senda de la vida;
me llenarás de alegría en tu presencia,
y de dicha eterna a tu derecha.

Salmo 16:11

Porque el Señor tu Dios te conduce a una tierra buena: tierra de arroyos y de fuentes de agua, con manantiales que fluyen en los valles y en las colinas; tierra de trigo y de cebada; de viñas, higueras y granados; de miel y de olivares; tierra donde no escaseará el pan y donde nada te faltará; tierra donde las rocas son de hierro y de cuyas colinas sacarás cobre.

Deuteronomio 8:7-9

Como uno del rebaño del Buen Pastor, nuestra vida y experiencia cristiana pueden resumirse así: «Vivo siempre consciente de la presencia de Dios». Esta conciencia de la presencia del Buen Pastor sobre mi vida se hace evidente por su gentil Espíritu Santo dentro de mí. Él es quien me habla de maneras características y definidas para mí.

Jesús dijo: «Y yo le pediré al Padre, y él les dará otro Consolador para que los acompañe siempre: el Espíritu de verdad, a quien el mundo no puede aceptar porque no lo ve ni lo conoce. Pero ustedes sí lo conocen, porque vive con ustedes y estará en ustedes. No los voy a dejar huérfanos; volveré a ustedes. Dentro de poco el mundo ya no me verá más, pero ustedes sí me verán. Y porque yo vivo, también ustedes vivirán. En aquel día ustedes se darán cuenta de que yo estoy en mi Padre, y ustedes en mí, y yo en ustedes.»

JUAN 14:16-20

La conciencia habitual de Jesús, mi Buen Pastor, dentro de mí me habilita para vivir una vida noble y de abundante recompensa. Al responderle y moverme en armonía con sus deseos, descubro recompensa y mérito en la vida. Adquiere gran serenidad y se convierte en una aventura emocionante de plenitud y progreso. Esto es posible en la medida que le permito a su amable Espíritu controlar, manejar y dirigir mis decisiones diarias.

Jesús dijo: «¿Quién es el que me ama? El que hace suyos mis mandamientos y los obedece. Y al que me ama, mi Padre lo amará, y yo también lo amaré y me manifestaré a él».

JUAN 14:21

«Obedézcanme. Así yo seré su Dios, y ustedes serán mi pueblo. Condúzcanse conforme a todo lo que yo les ordene, a fin de que les vaya bien», dice el Señor.

JEREMÍAS 7:23

Existe también una conciencia más amplia e igualmente emocionante que Dios está siempre alrededor de mí. Vivo rodeado de su presencia. Soy una persona abierta, un individuo abierto, viviendo la vida abierto a su escrutinio. Mi Pastor está consciente de cada circunstancia que enfrento. Me cuida con atención y preocupación porque le pertenezco. Este estado placentero y asombroso continuará por toda la eternidad.

Señor, tú me examinas,
  tú me conoces.
Sabes cuándo me siento y cuándo me levanto;
  aun a la distancia me lees el pensamiento.
Mis trajines y descansos los conoces;
  todos mis caminos te son familiares.
No me llega aún la palabra a la lengua
  cuando tú, Señor, ya la sabes toda.

Salmo 139:1-4

Pero el gran amor del Señor
  envuelve a los que en él confían.
¡Alégrense, ustedes los justos;
  regocíjense en el Señor!
¡Canten todos ustedes,
  los rectos de corazón!

Salmo 32:10-11

¡Qué garantía!
moraré en la presencia
(bajo el cuidado) del Señor por siempre.
¡Bendito sea su nombre!

FUENTES

Texto basado en *A Shepherd Looks at Psalm 23*
  [Un Pastor Mira el Salmo 23]
  por Keller, Phillip W.
  Grand Rapids, MI: The Zondervan Corporation, 1970.

  Texto bíblico tomado de la Santa Biblia
  Nueva Versión Internacional
  © 1999 por la Sociedad Bíblica Internacional

Nos agradaría recibir noticias suyas.
Por favor, envíe sus comentarios
sobre este libro a la dirección
que aparece en esta página.
Muchas gracias.

Vida

ZONDERVAN

Editorial Vida
7500 NW 25 Street, Suite #239
Miami, FL 33122
Vidapub.sales@zondervan.com
http://www.editorialvida.com